José Micaelson Lacerda Morais

Economia
Institucional-Evolucionária
Interesses, Instituições e Desenvolvimento

Revisão
Emanuelle Santana

Capa
José Micaelson Lacerda Morais

Diagramação
José Micaelson Lacerda Morais

Economia institucional-evolucionária: interesses, instituições e desenvolvimento. José Micaelson Lacerda Morais. *Independently Published*, 2021.
ISBN: 9798595956130

1. Economia institucional 2. Economia evolucionária 3. Instituições 4. Estado 5. Ideologia 6. Desenvolvimento

Para minha mãe,
Maria do Carmo
Lacerda Morais.

Sumário

AGRADECIMENTOS

Ao meu ilustre orientador de trabalho de tese, Professor João Luiz Maurity Sabóia, no Instituto de Economia da Universidade Federal do Rio de Janeiro (IE/UFRJ), do qual resultou o presente livro.

Aos amigos e companheiros de doutorado: Ivan, Maurício, Eloy, Evangelista, Elda, Everton, Neto, Laércio, Adriano.

Ao Banco do Nordeste (BNB), pela possibilidade aberta com a sua parceria com o Instituto de Economia da UFRJ; à Universidade Regional do Cariri – URCA, e aos companheiros do Departamento de Economia; à Fundação Cearense de Apoio ao Desenvolvimento Científico e Tecnológico – Funcap, pelo apoio financeiro.

Aos inestimáveis amigos Francy, José Lobo, Emanuelle e Edith Menezes. Os amigos Françoise e Wilson Bernardo. A Julianne Milward, que me ajudou nas horas em que duvidei chegar ao fim do solitário trabalho de escrever uma tese. A minha prima, Emanuelle Santana, que encontrou espaço no seu precioso tempo para realizar a revisão.

A crença no progresso espontâneo pode cegar-nos quanto ao papel do governo na vida econômica. Este papel consiste, muitas vezes, em alterar o ritmo da mudança, apressando-o ou diminuindo-o, conforme o caso. Se acreditar-mos que tal ritmo é inalterável ou, o que é pior, se acreditarmos ser um sacrilégio interferir com ele, então não existe mesmo um campo para qualquer intervenção.

Karl Polanyi

Quando passo a procurar em diferentes tempos, em diferentes épocas, entre diferentes povos qual foi a causa eficaz que provocou a ruína das classes que governavam, vejo claramente tal acontecimento, tal homem, tal causa acidental ou superficial; acreditai, porém, que a causa real e eficaz que faz com que os homens percam o poder é que se tornaram indignos de o manter. Pensai, senhores, na antiga Monarquia; ela era mais forte que vós, por sua origem; apoiava-se melhor que vós em antigos costumes, usos, crenças; era mais forte que vós e, no entanto, caiu no pó. E por que? Acreditais que tenha sido por tal acidente particular? Julgais que fora obra de tal homem, do déficit, do seu Jeu de Paume, de La Fayette, de Mirabeau? Não, senhores, há outra causa: é que a classe que então governava tornara-se, por indiferença, egoísmo, vícios, incapaz e indigna de governar. Eis a verdadeira causa.

Alexis de Tocqueville

Os homens que se encontram numa condição de decadência ou que têm uma opinião negativa a respeito dos seus próprios interesses, em vez de serem (como pensam alguns) mais industriosos para resistirem aos males que temem, tornam-se ao contrário mais lânguidos e ineficazes em todos os seus empreendimentos, sem se darem ao trabalho de tentar ou de levar a cabo mesmo os meios mais prováveis de remoção desses males. Considerando isso, eu, como membro da comunidade, próximo do conhecimento exato quanto à condição em que se encontra o interesse comum, pensaria no melhor em todos os casos duvidosos, e consequentemente não me desesperaria sem razões fortes e manifestas, examinando com cuidado qualquer coisa que tendesse a diminuir a minha esperança no bem-estar comum.

William Petty

1. Introdução

É uma felicidade para os homens encontrarem-se numa situação em que, ao mesmo tempo que as suas paixões inspiram-lhes a ideia de serem maus, eles têm 'interesse' em não sê-lo.

Montesquieu

Nos séculos XVII e XVIII, como explica Hirschman (2002, p. 25), não existiam barreiras interdisciplinares, e "[...] filósofos e economistas políticos podiam vaguear livremente e especular sem inibições acerca das prováveis consequências de [...] uma expansão comercial pela paz, ou de um crescimento industrial pela liberdade [...]". Foi nesta perspectiva que o referido autor discutiu "as paixões e os interesses", como "argumentos políticos a favor do capitalismo antes do seu triunfo". Para ele, um retorno aos pensamentos e especulações dos representantes intelectuais daqueles séculos poderia contribuir para diminuir a nossa própria pobreza intelectual induzida pela especialização do campo de estudo da ciência econômica.

As paixões eram consideradas destrutivas no século XVII: "orgulho, inveja e cobiça são as três centelhas que deixam os corações dos homens em chamas"[1]. Por esse motivo, surgiu a ideia de aproveitar as paixões dos homens para fazê-las trabalhar em direção ao bem-estar geral, incitando habilmente uma paixão para lutar contra outra, no que ficou conhecido como *princípio da paixão compensatória*[2]. Entretanto, quais paixões seriam designadas para ter a função de dominantes? Para responder a esta questão seria necessário juntar a ideia das paixões compensatórias com a doutrina do interesse (o termo "interesse" já nasceu com uma conotação positiva e curativa derivada de uma estreita associação com a ideia de uma maneira mais esclarecedora de conduzir os negócios humanos, privados e públicos).

A crença de que o interesse podia ser considerado um motivo dominante no comportamento humano causou uma considerável excitação intelectual no século XVII. Como esclarece Hirschman (2002), a ideia do interesse se tornou uma verdadeira novidade assumindo a dimensão de um paradigma (*doutrina do interesse*), passando a maior parte da ação humana subitamente a ser explicada pelo interesse próprio: "[...] as paixões eram impetuosas e perigosas, ao passo que buscar os seus interesses materiais era inocente ou, como se diria hoje em dia, inócuo"[3]. Uma propriedade mais geral do interesse estava relacionada à previsibilidade e consequentemente à constância produzida nas relações humanas: "[...] há uma vantagem para os outros na sua busca do seu interesse, pois a sua conduta torna-se assim transparente e previsível quase como se ele fosse uma pessoa inteiramente virtuosa"[4].

> A previsibilidade na sua forma mais elementar é a constância, e é essa qualidade que talvez fosse o fundamento mais importante para que se acolhesse um mundo governado pelo interesse. O caráter errático e instável da maioria dos comportamentos passionais foi muitas vezes enfatizado e foi

considerado um dos seus aspectos mais censuráveis e perigosos[5].

O Renascimento proporcionou um novo olhar para o Estado, representado pelas preocupações de aprimorar a arte de governar. Dessa ótica, o Estado, desde o absolutismo, representou uma instituição central nos processos de transformação (desenvolvimento do capitalismo).

Houve, também, uma transição do conceito de interesse do governante para os interesses dos vários grupos entre os governados. Num primeiro momento, no seu contexto original, a doutrina do interesse produziu o conceito de equilíbrio de poder na arte de governar e, num momento seguinte, estendido para a sociedade como um todo, resultou numa visão das vantagens que teria a presença de uma variedade de interesses e de uma certa tensão entre eles para o interesse público. Na Inglaterra, por exemplo, este conceito posteriormente se transformou no "interesse nacional". Dessa forma, a previsibilidade e a constância forneceram a ideia de que os interesses poderiam, pela eliminação do comportamento "passional" e pela concordância com as regras do jogo, derivar ganhos em todas as direções.

Na interpretação de Hirschman (2002), o conceito de interesse, o desenvolvimento do comércio e o estabelecimento do capitalismo, deveu-se muito a uma busca desesperada de uma maneira de evitar a ruína da sociedade, permanentemente ameaçada na época por causa das disposições precárias tanto de ordem interna quanto externa. Não se fazia ideia do que o capitalismo viria a representar. Nesse sentido, os argumentos políticos a favor do capitalismo, ou seja, a expectativa de grandes benefícios serviu em grande medida para facilitar certas decisões sociais em direção a consolidação daquela forma de organização social. A grande questão é que os efeitos pretendidos (os grandes benefícios) não foram realizados e a ideia de que os homens em busca de seus interesses seriam inofensivos foi abandonada quando a realidade do desenvolvimento capitalista se apresentou.

Da apreciação da doutrina do interesse e da relação entre os efeitos pretendidos e realizados ou não realizados das decisões sociais (bem como dos efeitos não pretendidos, mas realizados), surgiu um primeiro *insight* sobre o tema desse livro: a suposição de que os interesses, sistematizados como ideologia, podem contribuir para que os efeitos pretendidos se aproximem dos efeitos realizados. Isso tanto em um sentido positivo, quando um grupo político assume o protagonismo de um projeto de desenvolvimento. Como também eu um sentido negativo, quando o Estado é assumido por grupos que tendem mais a polarização social, política e econômica, que a um projeto de desenvolvimento inclusivo.

O sentido positivo representa uma modalidade de desenvolvimento político: *o desenvolvimento político transformador*[6]. Para entendê-la, precisa-se recorrer ao entendimento dos processos decisórios, aos ideários econômicos, aos estilos de *problem-solving* e, aos vínculos entre mudança política e mudança econômica, todos relevantes para a formação das estratégias de desenvolvimento. Isto porque, as instituições políticas contam decisivamente como condicionantes do processo de formação das políticas econômicas e os planos econômicos tornam-se mais inteligíveis quando integrados à análise política, de acordo com Sola (1998). Por sua vez, os processos políticos supõem uma apreciação das ideologias subjacentes, que encerram os interesses vitais dos grupos sociais e estão sempre sendo postos em questão a cada rodada política.

Neste sentido, os interesses seccionais passam a ser entendidos como o veículo da mudança social e política. E somente quando se puder apontar o grupo ou os grupos que efetuaram a mudança é que se pode também explicar como essa mudança ocorreu. Como afirma Polanyi (2000, p. 186): "[...] o 'desafio' é para a sociedade como um todo; a 'resposta' chega através de grupos, secções e classes[...]." Portanto, neste trabalho trata-se de resgatar as dimensões políticas e ideológicas do crescimento; em termos do aprofundamento de determinadas trajetórias ou de saídas de situação de *lock-in*.

Posto isso, o presente livro se coloca no campo da mudança institucional e política e seus desdobramentos, traduzidos nas várias dimensões do desenvolvimento econômico. De forma inicial discute-se a ideia de uma economia política institucionalista que incorpore em seu campo analítico e de forma relacionada, Estado, políticas públicas, instituições e progresso técnico. A ideia central aqui é que as instituições não devem ser vistas como algo em um plano superior às políticas públicas, como se as instituições condicionassem de forma unilateral as políticas. Instituições e políticas públicas são vistas como complementares. Ou seja, trata-se de um problema de coordenação e complementaridade. Em outras palavras, tem a ver com o grau de institucionalização da sociedade, da organização da sociedade em grandes grupos, da promoção de ideologias, da complementar coordenação de decisões de investimentos, da constatação de que os governos podem aprender e de que as políticas podem evoluir.

2. Por uma vertente sistêmica do pensamento econômico

A ciência contemporânea vem passando por uma dramática mudança de paradigma, saindo de uma visão de mundo mecanicista, associada ao pensamento de Newton e Descartes, para uma visão holística ou ecológica – perspectiva que no século XX tornou-se conhecida como "sistêmica"[7]. De uma noção do mundo concebido como uma máquina, um mecanismo, para um modo de pensar em termos de conexidade, de relações e de contexto. Durante o século XX, a mudança do paradigma mecanicista para o sistêmico tem ocorrido em diferentes formas e com diferentes velocidades nos vários campos científicos. Capra (2003), adverte que não se trata de uma mudança uniforme no campo das ciências, mas de "[...] oscilações que quase se repetem, porém não perfeitamente, aleatórias na aparência e, não obstante, forma[m] um padrão complexo e altamente organizado [...]"[8]; uma espécie de pêndulo caótico, segundo uma metáfora contemporânea utilizada pelo autor.

Na origem desta mudança de paradigma está a percepção de que os problemas com que as Ciências se depararam nos últimos anos não podem ser compreendidos de modo habitual, tomados isoladamente de seu contexto mais amplo. São problemas sistêmicos, na perspectiva holística, o que significa que estão interligados e são interdependentes.[9] Nesta perspectiva, o universo material é visto como uma "teia dinâmica" de eventos inter-relacionados.

As características-chave desse pensamento sistêmico formuladas por Capra, foram sintetizadas por Cerqueira (2002), no seu artigo "A economia evolucionista: um capítulo sistêmico da teoria econômica?", da seguinte forma: 1) a percepção de que as propriedades sistêmicas não podem ser reduzidas às de suas partes constitutivas: são propriedades do todo, que as partes não possuem e que emergem das "relações de organização" entre as partes; 2) o reconhecimento da existência de diferentes níveis sistêmicos, de sistemas aninhados no interior de outros sistemas, cada qual com um grau determinado de complexidade e com propriedades específicas do seu nível; 3) as teorias sistêmicas devem se articular numa rede de conceitos e modelos, renunciando à busca de fundamentos últimos; e 4) o pensamento sistêmico é também pensamento processual: toda estrutura é vista, desde o início, como resultado, ou melhor, manifestação de processos subjacentes.

No seu artigo, Cerqueira (2002), estava interessado em analisar se havia elementos que autorizassem falar de uma vertente sistêmica no pensamento econômico. Respondendo afirmativamente, o autor observou que não é difícil identificar esses elementos numa série de desenvolvimentos recentes em economia voltados para temas tão diversos quanto crescimento e ciclos econômicos, comportamento inovador, funcionamento do mercado de capitais, teorias do comércio etc. O autor, ainda, observou que esta influência se faz notar entre autores de diferentes vertentes do pensamento econômico, desde aqueles mais ligados à economia neoclássica até os adeptos da economia política marxista. Mas, esclarece que é difícil perceber em que medida este processo levará ou não a algum tipo de convergência entre estas correntes de pensamento.

A principal preocupação do autor acima citado estava em avaliar se a econômica evolucionária possui uma íntima conexão com a perspectiva holística ou sistêmica, como àquela apontada por Capra. Então, definiu a economia evolucionária como:

> [...] uma nova abordagem dos fenômenos econômicos, [...] que procura oferecer respostas tanto aos problemas colocados por pesquisas empíricas sobre a transformação estrutural de sistemas econômicos, quanto às insuficiências cada vez mais evidentes do arcabouço teórico convencional."[10]

Ele então seguiu descrevendo as principais tradições teóricas que contribuíram para o ressurgimento da abordagem evolucionária em economia [11]:

> 1) A primeira consiste num pequeno grupo de economistas que, mantendo-se à margem da vertente dominante, adotaram uma perspectiva explicitamente evolucionista em seus escritos. As principais referências são os trabalhos de Thorstein Veblen e dos institucionalistas americanos, além da obra de Schumpeter [...]
> 2) A segunda fonte de inspiração dos economistas evolucionários é a tradição de pesquisa em biologia

que, partindo da obra de Darwin, desenvolveu um vasto arsenal de conceitos e esquemas teóricos para lidar com problemas associados a mudanças qualitativas, idéias que a economia evolucionista toma como inspiração para se contrapor às teorias convencionais. Essa tomada de idéias não é encarada como mero recurso tático, mas repousa na constatação de que os fenômenos econômicos têm mais em comum com a forma de organização dos seres vivos do que com um mundo composto de partículas que obedecem a leis mecânicas [...]
3) Uma terceira influência marcante no pensamento econômico evolucionista provém dos desenvolvimentos na física e na química contemporâneas, em especial a termodinâmica de não-equilíbrio (*non-equilibrium thermodynamics*) e, associado a ela, o surgimento da teoria dos sistemas complexos [...]
4) a quarta vertente [...] é a tradição das pesquisas sobre o comportamento das firmas e organizações. O livro de Nelson e Winter (1982) sintetiza as contribuições dessa tradição, que tem entre seus expoentes Herbert Simon e Ronald Coase (CERQUEIRA, 2002, p. 65 a 70).

Após analisar as principais tradições teóricas que contribuíram para o ressurgimento da abordagem evolucionária em economia, o referido autor passou a apontar os elementos que diferenciam o paradigma evolucionista. O primeiro elemento refere-se à determinação das unidades de análise[12].

[...] Constatada a indesejabilidade de proceder pela via reducionista, explicando todos os problemas com base em escolhas dos indivíduos (partículas elementares da teoria econômica), era preciso identificar categorias ou princípios relativamente invariantes em que as análises pudessem se basear.

A solução adotada residiu na escolha das instituições como unidade de análise (CERQUEIRA, 2002, p. 72).

Resumidamente, as outras duas características da economia evolucionista citadas, foram: "[...] i) uma compreensão dos sistemas econômicos como sistemas abertos que, por operarem fora do equilíbrio, são capazes de evolução (mudança qualitativa); ii) uma atenção mais sistemática à análise do ambiente externo em que operam as firmas e organizações."[13]

A abordagem acima descrita também é compartilhada por Lawson (2005). Segundo este autor, em anos recentes, tem ocorrido a emergência de numerosas atividades em economia identificadas primeiramente e, principalmente, como heterodoxas. Apesar das diferenças entre as mesmas, Lawson defende que *The Nature of Heterodox Economics* deve ser vista como *unity in difference*, não fazendo sentido analisar cada uma em separado. As suas características comuns proeminentes são ou incluem:

> 1. a set of recurring fairly abstract tradition-specific themes and emphases; 2. a multiplicity of attempts within each tradition to theorize around its tradition-specific themes and to form policy stances, or else to determine tradition-specific main units of analysis or other methodological principles based on them. The results are often presented as the theory/policy stances, basic units of analysis, or methodological principles that constitute the relevant tradition's alternatives to those of the mainstream; 3. an a posteriori recognition that it is usually impossible to generate very large agreement within any given heterodox tradition on specific "alternative" theories and policies or specific methodological stances, a recognition typically resulting in an (often begrudging) inference that,

even within any one tradition, the only definite common ground in terms of achieved position, is an opposition to the mainstream or 'neoclassical' orthodoxy. (LAWSON, 2005, p. 3)[14]

Do que foi colocado por Lawson (2005), para os objetivos desse livro, o mais importante é o reconhecimento de que a heterodoxia rejeita fundamentalmente a forma específica do reducionismo metodológico do *mainstream,* embora nem todo pensamento heterodoxo possa ser considerado sistêmico na perspectiva aqui adotada. E neste ponto, convergem as abordagens de Cerqueira e de Lawson. Este último autor, entendeu que com os pressupostos neoclássicos não é possível chegar à um entendimento sistemático da estrutura e do funcionamento de um sistema econômico real. Citando Rubinstein, Leamer, Coase e Leontief, justificou assim o seu argumento:

> Considering only those already noted, Rubinstein (1995, p. 12) notes the explanatory and predictive weaknesses of the mainstream project, whilst Leamer draws attention to a disparity of mainstream theory and practice (1983, p. 37). Coase as we have seen concludes that "Existing economics is a theoretical system which floats in the air and which bears little relation to what happens in the real world", whilst according to Leontief the mathematical formulae with which economists fill economic journals lead "the reader from sets of more or less plausible but entirely arbitrary assumptions to precisely stated but irrelevant theoretical conclusions" while econometricians fail "to advance, in any perceptible way, a systematic understanding of the structure and the operations of a real economic system"[15] (LAWSON, 2005, p. 13).

O que interessa reter desta breve discussão pode ser resumido no seguinte argumento: a visão sistêmica, como novo paradigma de ciência, possibilitou à ciência econômica novos entendimentos sobre o funcionamento das economias que não se faziam presentes no campo teórico da economia tradicional, de caráter estritamente mecanicista. Como resultado destes desdobramentos tem-se o desenvolvimento das abordagens institucionalistas e evolucionárias do século XX, objeto de discussão do próximo item.

3. O institucionalismo e a economia evolucionária

Em 1898, em seu artigo *Why is economics not an evolutionary science?* Veblen já havia percebido que o estudo das instituições deveria estar submetido à elaboração de uma ciência evolucionária[16]. Segundo Lawson (2002), essa ainda talvez seja, depois de passados mais de um século, a mais famosa questão em toda história da economia. Através deste ensaio Veblen ficou reconhecido como fundador e "guia" espiritual do institucionalismo americano. Veblen entendia que para que a economia fosse evolucionária deveria também ser institucional, dado que os princípios darwinistas deveriam ser aplicados sobre as instituições. A justificativa para tal assertiva é a de que: como as "propriedades físicas" se mantêm, na linguagem de Veblen, a evolução passa a ser compreendida como a evolução do homem e de suas instituições[17].

O período compreendido entre 1875 a 1925, conforme argumentou Bell (1961, p.468-469), "[...] foi extremamente frutífero e cheio de acontecimentos em todas as fases da empresa humana [...] [e] as tendências de um estado dinâmico em crescimento foram provavelmente vistas com mais clareza por Veblen do que por qualquer outro pensador do período [...]." Veblen estava preocupado em apreender os fatores imateriais que influenciavam a esfera socioeconômica, ou seja, os elementos que não são encontrados na realidade material, *strictu senso*. Atribui-se, assim, aos seus escritos e aos trabalhos de Commons, Mitchel, Ayres, entre outros, a matriz da Escola Institucionalista. Escola que, entre 1920 e 1930, teve grande repercussão nos meios acadêmicos norte-americanos[18], e como afirma Blaug (1993, p. 124), até "[...] ameaçou tornar-se a corrente dominante do pensamento econômico americano".

Todavia, com a Revolução Keynesiana a escola institucionalista entrou em crise. De acordo com Monasterio (1998, p. 9),

> [...] no pós-guerra, o termo institucionalismo foi utilizado sem muito rigor, e passou a designar os economistas heterodoxos não-marxistas que enfatizavam o papel das organizações e da cultura no processo econômico, como, por exemplo, John Kenneth Galbraith ou Gunnar Myrdal.

Durante um período aproximado de 40 anos a economia institucional ficou fortemente desacreditada, até o surgimento de novas abordagens como a Nova Economia Institucional e o Neo-institucionalismo. A importância das instituições para o funcionamento dos sistemas econômicos e seu desenvolvimento voltou a merecer destaque no mundo acadêmico, com várias contribuições importantes para o campo da teoria econômica.

3.1. Vertentes institucionalistas da teoria econômica

Houve nas últimas décadas, um revigoramento de estudos centrados nas instituições, consolidando o campo de pesquisa institucionalista. O corpo de conhecimento dessa área tem evoluído com base nas proposições de que as instituições importam e de que seus determinantes são suscetíveis de análise pelos instrumentos da teoria econômica. O núcleo do pensamento institucionalista relaciona-se assim aos conceitos de instituições, hábitos, regras e sua evolução, tornando explícito um forte vínculo com as especificidades históricas e com a abordagem evolucionária.

Para Conceição (2001), em geral, as concepções que têm as instituições como unidade de análise, partem da discussão de suas diferenças com o neoclassicismo e suas afinidades com o evolucionismo, buscando identificar analiticamente pontos de concordância que permitam a constituição de uma possível "teoria institucionalista". Para este autor, a construção de uma "teoria econômica das instituições" parece ter avançado ao longo das últimas duas décadas, tendo surgido importantes abordagens, que permitiram avanços teóricos, com ênfase no papel das instituições e na dinâmica de seu funcionamento, que ora se rivalizam, ora se complementam, sem perder o caráter institucional. Cita como exemplos dessas abordagens: a Nova Economia Institucional; os neo-institucionalistas; os neo-schumpeterianos ou evolucionários; os regulacionistas; e a economia das convenções. Apesar da Escola Francesa da Regulação e da escola evolucionária ou neo-schumpeteriana não se constituírem em abordagens institucionalistas propriamente ditas, foram incluídas nesta classificação, segundo o referido autor, por contemplarem as instituições em seu campo teórico e analítico[19]. Em resumo, a enorme corrente que sucedeu Veblen, Commons e Mitchell assumiu diferentes nuanças conceituais e metodológicas, nem sempre absolutamente compatíveis.

De forma sintética, as correntes institucionalistas, propriamente ditas, podem ser agrupadas em três grandes grupos: 1) o "antigo" institucionalismo norte-americano de Veblen, Commons e Mitchel; 2) a Nova Economia Institucional (NEI) de Coase, Williamson e North; e 3) O Neo-Institucionalismo de Hodgson, Samuels e Rutherford.[20]

Para os "velhos" institucionalistas norte-americanos as instituições ocupam posição central na evolução da realidade econômica na medida em que esta é entendida como a evolução de suas instituições. Para esta corrente, somente quando for conhecida a natureza evolucionista da sociedade, com seus "hábitos de grupo" e suas instituições, será possível desenvolver um entendimento completo do sistema econômico. Portanto, dentro da "velha" corrente institucionalista existe a percepção de que o estudo das instituições está submetido à elaboração de uma ciência evolucionária.

Referindo-se ao "velho" institucionalismo como aquele defendido por Veblen, Commons e Mitchel, Conceição (2001, p. 89), destaca o conceito de instituição que é definido como sendo resultado de uma situação presente, que molda o futuro através de um processo seletivo e coercitivo, orientado pela forma como os homens veem as coisas e que altera ou fortalece seus pontos de vista em relação as mesmas instituições. Os pontos centrais atribuídos ao institucionalismo de Veblen, segundo o referido autor, são: 1) a inadequação da teoria neoclássica em tratar as inovações, supondo-as "dadas", e, portanto, desconsiderando as condições de sua implantação; 2) sua preocupação, não com o "equilíbrio estável", mas em como se dá a mudança e o consequente crescimento; e 3) a ênfase dada ao processo de evolução econômica e de transformação tecnológica.

A ideia de evolução em Veblen está intimamente associada à de "processo de causação circular". Veblen salientava que a história da vida econômica dos indivíduos se constituía em um "[...] processo cumulativo de adaptação dos meios aos fins, que, cumulativamente, se modificava, enquanto o processo avançava"[21]. Isto implica reconhecer que Veblen adotou uma posição pós-darwiniana, enfatizando o caráter de "processo de causação", tão comum na concepção evolucionária.

> Em Veblen a história "evolui" enquanto processo "absurdo" (*absurdist*), com uma trajetória "cega", inexistindo qualquer movimento dialético, que leve à rupturas preestabelecidas ou "redentoras", muito menos a qualquer processo determinístico de "progresso". Em realidade, a "cegueira" é fruto ou parte de um processo de permanente mudança e adaptação, realizada em meio à incerteza (CONCEIÇÃO, 2001, p. 94 e 95).

Por seu turno, a abordagem Neo-Institucionalista resgatou a importância de conceitos centrais em relação ao "antigo" institucionalismo norte-americano e se alimentou do crescente vigor teórico da tradição evolucionária. Assim, o núcleo do pensamento institucionalista está relacionado aos conceitos de instituições, hábitos, regras e sua evolução, tornando explícito um forte vínculo com as especificidades históricas e com a "abordagem evolucionária", em oposição ao pensamento neoclássico. "O pensamento evolucionário muniu o institucionalismo de poderoso instrumental teórico e analítico a compreensão do complexo processo de mudança tecnológica, que tem nas instituições um importante, mas não decisivo, fator de sustentação" (CONCEIÇÃO, 2002, p. 138). Mas, apesar do campo analítico Neo-Institucionalista vir estabelecendo crescentes vínculos com o pensamento evolucionário, não apresenta ainda grandes avanços no sentido da constituição de um corpo teórico próprio, como explica o referido autor.

Alguns dos pressupostos que definem o conteúdo da abordagem Neo-Institucionalista são: 1) a economia é vista como um "processo contínuo", que se opõe às hipóteses da economia ortodoxa, à medida que a "economia positiva" não está relacionada a tempo, lugar e circunstâncias; 2) as interações entre instituições, tecnologia e valores são de fundamental importância; 3) a análise econômica ortodoxa é rejeitada por ser demasiadamente dedutiva, estática e abstrata, constituindo-se mais em celebração das instituições econômicas dominantes do que em uma procura pela verdade e pela justiça social; e 4) enfatiza trabalhos empíricos e teóricos de outras disciplinas, o que lhe confere um caráter multidisciplinar, ou seja, reconhece a importância de **interesses e conflitos**, a mudança tecnológica e a inexistência de uma constante aplicável à "vontade humana".

A NEI, por outro lado, preocupa-se fundamentalmente com aspectos microeconômicos ao enfatizar a teoria da firma em uma abordagem não convencional, mesclada com história econômica, economia dos direitos de propriedade, sistemas comparativos, economia do trabalho e organização industrial. Ao contrário da corrente Neo-Institucionalista, a NEI mostra uma forte complementaridade entre a sua concepção de institucionalismo e os supostos do *mainstream*. Para Conceição (2002, p. 127), "essa divergência distingue, talvez de maneira inconciliável, o pensamento institucionalista entre os referidos matizes: os neo-institucionalistas e a NEI [...]". Mas é importante destacar também que os avanços teóricos obtidos pela NEI constituem um campo teórico fértil com amplas e promissoras aplicações no âmbito da teoria da firma e das organizações[22].

Entre as preocupações estruturais da NEI, figura uma compreensão relativamente maior com as origens e funções das diversas estruturas da empresa e do mercado, incorporando desde pequenos grupos de trabalho até "complexas corporações modernas". As hipóteses de trabalho que aglutinam o pensamento da NEI são[23]: 1) as transações e os custos a elas associados definem diferentes modos institucionais de organização; 2) a tecnologia, embora se constitua em aspecto fundamental da organização da firma, não é um fator determinante da mesma; e 3) as "falhas de mercado" são centrais à análise[24].

Em outra perspectiva, os evolucionários ou neo-schumpeterianos veem a evolução das instituições como decisivas para a emergência de novos paradigmas tecnológicos. O conceito de inovação, crucial para a teoria evolucionária, utiliza o ambiente institucional como condição necessária ao desenvolvimento de "condições inovadoras" para o crescimento. O ambiente institucional está, por assim dizer, "enraizado" (*embedded*) no processo dinâmico das inovações, o qual, ao referendar o padrão de mudança técnica, desencadeia a seleção, a trajetória, a forma ou o padrão de desenvolvimento e crescimento econômico. A contribuição neo-schumpeteriana ou evolucionária, a partir de um enfoque microeconômico, tem forte vínculo teórico com o ambiente institucional e com as instituições, o que permite a constituição de trajetórias de inovação para formação de novos paradigmas tecnológicos.

As pesquisas centradas no avanço tecnológico abriram várias frentes em áreas como crescimento econômico, organização industrial, eficácia dos investimentos públicos, modelos de comércio internacional e ambiente institucional. De acordo com Conceição (2001, p. 28),

> [...] dentre os inúmeros trabalhos que sistematizaram avanços nesse campo de pesquisa, os estudos evolucionários ou neo-schumpeterianos ocuparam posição proeminente, estabelecendo novos *insights* à sistematização do fenômeno do desenvolvimento capitalista e sua relação com o processo de crescimento econômico. Tais estudos, que se notabilizaram ao longo dos anos 90, têm duas ênfases: primeira, o desenvolvimento é um processo multifacetado, que exige, como contrapartida, a investigação das condições que permitem seu avanço e sua auto-sustentação; segunda, o processo de mudança tecnológica é de fundamental importância, pois define as características e comportamentos das firmas e das instituições, que, em conjunto, moldam padrões específicos de desenvolvimento. Tal argumentação estabelece os pilares de um novo enfoque na interpretação do processo de desenvolvimento econômico, alvo de crescentes e inovadoras pesquisas.

Afirma, ainda, Conceição (2001), que o pensamento institucionalista funde-se com o evolucionário em muitos aspectos e noções. Citando Samuels (1995), mostra que o termo institucionalista é usado sem prejudicar o termo evolucionário, pois o que os une é um "corpo de conhecimento" comum. A crítica ao equilíbrio de longo prazo como meta finalística do processo de crescimento traduziu-se no grande legado do "antigo institucionalismo", cuja contribuição dos neo-schumpeterianos ou evolucionários, mesmo sem pretenderem ser "institucionalistas", trataram de dar substância e consistência teórica. Dessa forma, conclui que o pensamento institucionalista moderno é impensável sem a incorporação da referida abordagem evolucionária.

> Daí a inter-relação entre desenvolvimento, crescimento, inovação tecnológica e **aparato institucional**,[25] que não podem ser compreendidos isoladamente. Assim, se, para os evolucionários, as instituições, de um lado, não se constituem em "unidade central de análise" — como o fazem as abordagens institucionalistas —, de outro, constituem-se em elementos indissociáveis do processo dinâmico de crescimento e mudança tecnológica. É tal vinculação que permite a conformação de uma "trajetória natural" *à la* Nelson e Winter, ou "paradigma tecnológico" *à la* Dosi, ou, ainda, "paradigma tecno-econômico" *à la* Freeman e Perez.[26]

Nesse sentido, se se considera, por um lado, as abordagens, evolucionária e institucionalista, como convergentes e, por outro, a abordagem do *mainstream*, há no plano teórico duas visões de crescimento em permanente tensão: 1) dos que veem o mundo real como resultante de um processo permanente de mudança e desenvolvimento (evolucionistas e institucionalistas) e; 2) dos que contemplam as proposições lógicas das teorias do crescimento de equilíbrio de *steady state*.

Por seu turno, desde os trabalhos fundadores surgidos na segunda metade dos anos 1970[27], a corrente regulacionista encontra sua origem em uma crítica severa e radical do programa de pesquisa neoclássico, que postula um caráter auto-regulador das economias de mercado. Para os regulacionistas, os mercados emergem como construções institucionais, eles não existem prévia e independentemente das relações sociais entre agentes. Assim, as instituições, regras e convenções não são "entes" dedutíveis de uma lógica de otimização. Estas surgem como os próprios alicerces de um edifício que deve, por princípio metodológico, adaptar-se às mutações irreversíveis da realidade. Portanto, abrem uma ruptura com as visões tradicionais que procuram explicar o econômico pelo econômico, mediante o recurso de uma axiomática totalizante e ao mesmo tempo redutora da realidade econômica, considerada movida por determinações puramente mercantis, derivadas do comportamento de sujeitos individuais.

Pela ótica regulacionista, como esclarece Bruno (2004), as estruturas, instituições ou formas sociais de organização são consideradas como suportes de micro, meso e macro-regularidades fundamentais à reprodução social e econômica. E nesse sentido, o conceito de regulação constitui uma alternativa verdadeiramente profícua à noção convencional de equilíbrio.

Pelo exposto no parágrafo anterior, a Teoria da Regulação foi concebida para apreender as regularidades macroeconômicas resultantes de diferentes configurações institucionais e suas análises contribuem para explicitar as formas de evolução e de crise observadas nas economias capitalistas reais. Entendendo por forma ou modo de regulação um conjunto de mediações institucionais e organizacionais que mantém as distorções produzidas pela acumulação de capital nos limites compatíveis com a coesão social e a coerência macroeconômica dos sistemas socioeconômicos.

Em síntese, a Teoria da Regulação reconhece o lugar das instituições, formas organizacionais, convenções e regras comportamentais como fatores endógenos inerentes às particularidades estruturais dos sistemas socioeconômicos. Em outras palavras, a Teoria da Regulação reconhece que as regularidades macroeconômicas são veiculadas por um conjunto de estruturas organizacionais e institucionais que mantém os comportamentos microeconômicos sob configurações compatíveis com a coerência dinâmica da totalidade do sistema.

Como observado, a Teoria da Regulação se inscreve no âmbito das pesquisas institucionalistas, abrindo um diálogo mais próximo com as abordagens heterodoxas, como o antigo institucionalismo e a corrente neo-institucionalista. Ao explicitar o conjunto de instituições fundamentais à viabilidade das economias capitalistas e a maneira como elas determinam padrões contrastados de crescimento e acumulação, geográfica e historicamente, o conceito de forma institucional ou forma estrutural ocupa um lugar fundamental nesta teoria. As instituições e as formas estruturais são assim vistas como determinantes para direcionar o processo de acumulação de capital através de um conjunto de comportamentos coletivos e individuais macro dinamicamente coerentes.

Realizada estava breve descrição das vertentes institucionalistas da teoria econômica, o próximo passo será pensar em termos de uma teoria econômica com instituições. Esclarece-se, desde logo, que não se tem a pretensão de formulá-la, mas tão somente de sistematizar a discussão em torno do referido tema e com os seguintes objetivos: 1) reconhecer a existência de diferentes níveis sistêmicos e, consequentemente, que cada um desses níveis apresenta um grau determinado de complexidade e com

propriedades específicas do seu nível[28]; e 2) lançar alguma
luz em termos de uma direção a ser seguida.

4. Uma teoria econômica com instituições

Genericamente, pode-se afirmar que está se gestando um novo "corpo de conhecimento institucionalista" centrado em quatro pontos: 1) economia como um processo contínuo (*on going process*), que não tem início, nem equilíbrio, mas uma sequência de comportamentos, em permanente mudança cumulativa; 2) interações fundamentais entre instituições, tecnologia e valores; 3) forte oposição à ortodoxia neoclássica por ser dedutiva, estática e abstrata, desconsiderando tempo, lugar e circunstâncias e invalidando a própria "dinâmica da transformação"; e 4) enfoque multidisciplinar, aceitando conflitos e grupos de interesses. (CONCEIÇÃO, 2001, p. 20 e 21)

Tais elementos formam o que Samuels (1995) *apud* Conceição (2001, p. 21), designou de "paradigma institucionalista", o qual pressupõe:

> [...] uma (re)definição do papel do mercado, entendido como algo organizado e orientado pela estrutura organizacional da sociedade, que emerge de suas instituições, e não como um "princípio abstrato"; organização e controle da economia implicando distribuição de **poder**, que afeta os

mercados e a ação governamental e individual; os indivíduos, ao contrário do que afirma o neoclassicismo, não são independentes, auto-subsistentes e com preferências dadas, mas são cultural e mutuamente dependentes, o que pressupõe rejeição à "racionalidade otimizadora do equilíbrio ótimo"; e ênfase na natureza **dinâmica evolucionária** da sociedade.[29]

Nesta perspectiva, a constituição de uma "**teoria econômica com instituições**", oriunda da **relação entre a atividade humana, as instituições, tecnologia e a natureza evolucionária do processo econômico**, definiria diferentes tipos de economia. Para a sua constituição seria necessária a incorporação dos elementos das correntes acima descritas. Da tradição institucionalista são válidas as referências de que a história importa, as formas de crescimento capitalista são diferenciadas, o processo de crescimento é continuo e tem profundas raízes históricas no aparato institucional e social. Da abordagem evolucionária destaca-se o entendimento de que o desenvolvimento econômico é um processo multifacetado e que a mudança tecnológica, as características e comportamento das firmas e instituições são fundamentais para o respectivo processo, definindo também como na tradição institucionalista, um conjunto de padrões específicos e diferenciados de crescimento. Da Escola de Regulação, destacam-se as relações de poder que dependem na forma e no conteúdo do poder material e simbólico acumulado pelos agentes (ou pelas instituições). Logo, as possibilidades abertas por estas visões apontam para a necessidade da construção de uma nova agenda (em desenvolvimento) para as teorias do crescimento que produzam uma teorização mais provocativa sobre tecnologia, firmas, instituições e relações de poder (política e ideologia), como um novo campo teórico, de conformação mais apreciativa do que formal[30]. Para realizar um movimento real em direção a uma maior compreensão do crescimento econômico, essa teoria precisaria incorporar os seguintes elementos:

> 1) habilidade para tratar o avanço tecnológico essencialmente como um processo desequilibrado;
> 2) incorporar uma teoria da firma na qual as suas capacidades e diferenças entre as mesmas sejam elementos centrais;
> 3) incorporar na teoria um rico corpo de instituições do que são correntemente tratados na teoria convencional do crescimento; e
> 4) uma apreciação sobre relações de interesses e distribuição de poder, ideologia e legitimidade[31].

De forma sumaria, lista-se como elementos de uma metodologia institucionalista: (a) a investigação deveria começar com uma questão e não com um axioma; (b) o comportamento deve ser analisado e compreendido como intencional; (c) todas as situações correntes são resultantes do processo histórico e da mudança cumulativa; (d) a estrutura institucional particular deve ser conhecida, para se compreender o comportamento resultante de tal estrutura; (e) história e análise devem ser amalgamadas à uma abordagem holística; (f) a evolução como processo no qual a seleção artificial intencional de fatores críticos tende a modificar os hábitos; (g) a negociação como tendo papel decisivo nas trajetórias de crescimento.[32]

A partir dessas considerações, Samuels (1995) *apud* Conceição (2001, p. 107), propõe o "paradigma institucionalista" como centrado em três dimensões: 1) crítica tanto da organização e performance da existência de economias de mercado quanto da economia de mercado pura, consideradas como mera abstração; 2) geração de um substancial "corpo de conhecimento" em uma variedade de tópicos e; 3) desenvolvimento de um *approach* multidisciplinar para resolver problemas. Nessa perspectiva, o "corpo de conhecimento institucionalista", seria constituído de oito itens, como segue:

> a) ênfase na evolução social e econômica com orientação explicitamente ativista das instituições sociais. Estas não podem ser tidas como dadas, pois são produto humano e mutáveis. Embora a mudança nas instituições e nas regras de trabalho sejam comuns, elas ocorrem de maneira lenta, tanto do ponto de vista não deliberativo (hábitos e costumes) quanto deliberativo (lei). Daí a rejeição da hipótese neoclássica do mecanismo automático de ajuste;
>
> b) o controle social e o exercício da ação coletiva constituem a economia de mercado, que é um 'sistema de controle social' representado pelas instituições, as quais a conformam e a fazem operar. Tal definição evidencia a inconformidade dos institucionalistas com o individualismo auto-subsistente e o não-intervencionismo sustentado pela '[...] *forma mecânica de teorização neoclássica na busca do equilíbrio ótimo determinado estaticamente*' (SAMUELS, 1995 p. 573);
>
> c) ênfase na tecnologia como força maior na transformação do sistema econômico. Para os institucionalistas, a 'lógica da industrialização' exerce efeitos profundos sobre a organização social, política e econômica e sobre a natureza da cultura, a qual, por sua vez, exerce profundos efeitos na adoção e na operação da tecnologia. Para os institucionalistas, a definição de recursos escassos deriva-se do 'estado das artes' na indústria (AYRES, 1957, p. 28), e não é abstrata e a-histórica;

d) os institucionalistas insistem que o determinante último da alocação de recursos não é qualquer mecanismo abstrato de mercado, mas as instituições, especialmente as estruturas de poder, as quais estruturam os mercados e para as quais os mercados dão cumprimento;
e) a Teoria do Valor dos institucionalistas tem outra natureza, ela não se preocupa com os preços relativos das mercadorias, mas com o processo pelo qual os valores se incorporam e se projetam nas instituições, estruturas e comportamentos sociais;
f) ênfase no papel dual da cultura em um processo da 'causação cumulativa' ou co-evolução. Tal ênfase recai, em primeiro lugar, no papel transcendental da cultura e nos processos culturais na formação da estrutura social e identidades individuais, metas, preferências e estilos de vida, os quais exercem impacto sobre a vida econômica e o ajustamento institucional, ambos relacionados à cultura e ao poder. Além disso, a própria cultura é produto da contínua interdependência entre indivíduos e subgrupos;
g) a estrutura de poder e as relações sociais geram uma estrutura marcada pela desigualdade e pela hierarquia, razão pela qual as instituições tendem a ser pluralistas ou democráticas em suas orientações;
h) os institucionalistas são holísticos, permitindo o recurso a outras disciplinas, que tornam o objeto de estudo econômico, necessariamente, multidisciplinar (CONCEIÇÃO, 2001, p. 108 e 109).

A citação acima, apesar de bastante longa, serve para sugerir os elementos que podem vir a constituir um "sistema institucional nacional." No sentido de que todo o conjunto de instituições é responsável, em boa medida, pelo modo de funcionamento das várias economias, com suas regras de comportamento, processos de aprendizado e de seleção, dos **conflitos de poder** que podem mudar o sentido da dependência de trajetória etc. Os conflitos de poder, a força das ideologias e a legitimidade dos grupos que assumem o poder passam a ter um papel fundamental sobre a direção que toma determinada sociedade ou partes dela. Os próximos itens terão como objetivo destacar estes elementos dentro do corpo de conhecimento institucionalista. E procurará evidenciar que sem a consideração dos mesmos não é possível determinar que tipo de trajetória é possível a cada economia.

5. Controvérsias sobre o institucionalismo de Douglas North

Este item e os seguintes não têm o objetivo de resenhar a obra de Douglas North, mas tão somente de discutir o tema instituições e desenvolvimento, assunto que constitui o principal campo de estudo deste autor, recolocando questões importantes para este livro e que, de uma forma ou de outra, foram tratadas em níveis de profundidade diferentes ao longo da obra do referido autor. À luz das críticas pertinentes, serão tratados os seguintes temas nesta seção: o hibridismo do pensamento de North, o próprio conceito de instituição e mudança institucional, o papel do Estado, da política e da ideologia; elementos fundamentais na constituição de uma teoria econômica com instituições. O objetivo consistirá em incorporar a ideologia como elemento explicativo não somente da mudança institucional, mas de forma específica, como uma força que, dentro de uma determinada matriz institucional, possui efetiva possibilidade de alterar a direção econômica que toma o sistema econômico ou certas partes deste (mudança de trajetória e saída de situações de *lock-in* negativa)[33].

O tema do desenvolvimento atravessa o trabalho de Douglass North desde o início dos anos 1970. O conjunto de seu trabalho representa hoje uma referência essencial para a pesquisa voltada ao crescimento econômico e para o corpo do conhecimento de economia como um todo.[34] Nesta leitura alternativa do institucionalismo de Douglas North foram utilizados os seguintes textos: *Estructura y Cambio en la Historia Económica* (1984), *Institutions, Institutional Change and Economic Performance* (1990), *Transaction Costs, Institutions, and Economic Performance* (1992), *Economic Performance Through Time* (1994) e *Understanding the Process of Economic Change* (1999 e 2005).

5.1. North e a teoria neoclássica

Três referências serão suficientes para introduzir a questão da teoria neoclássica no pensamento de North. No seu livro de 1984, a formulação neoclássica não é adequada porque se refere a um mundo sem fricções, no qual não existem instituições e onde as trocas têm lugar em mercados perfeitamente competitivos, ou seja, não existem custos de adquirir informações, incerteza ou custos de transação [35]. No entanto, o autor pondera que justamente pela não consideração destes elementos, a teoria neoclássica revela os supostos subjacentes que devem ser explorados para uma teoria da *estrutura e mudança*[36]. Já no seu texto de 1994, o mesmo insiste na inadequação da teoria neoclássica em analisar e prescrever políticas de desenvolvimento, dado que esta teoria se preocupa com o funcionamento dos mercados e não como em como eles evoluem. Para ele, não há mistério em explicar o porquê da teoria neoclássica ter falhado no campo do desenvolvimento, desde o fim da II Grande Guerra: em sua forma primitiva focou a precisão matemática e a elegância dos modelos aplicados a um mundo estático e sem fricções. No entanto, mesmo com a incorporação do desenvolvimento tecnológico e, mais recentemente, do capital humano, continuou-se ignorando a estrutura de incentivos embebidas nas instituições que determina a extensão dos investimentos nesses fatores. Portanto, segundo North (1994), na análise da performance econômica através do tempo a teoria neoclássica contém duas suposições errôneas: i) de que as instituições não importam e; ii) de que o tempo não importa.

No seu livro de 2005, o autor afasta-se da teoria neoclássica ao enfatizar a incerteza, a natureza não-ergódiga do mundo, a intencionalidade humana e os sistemas de crenças, reduzindo, assim, o modelo de escolha racional a particulares contextos. Assume que:

> [...] the rationality assumption fails to deal adequately with the relationship of the mind to the environment [...]"[37]
> Economists, typically, do not ask themselves about the structure that humans impose on themselves to order their environment, and therefore reduce uncertainty; no are they typically with the dynamic nature of the world in which we live, which continues to produce novel problems to be solved [...].[38]

No entanto, Gala (2002), ao analisar a retórica na economia institucional de North, procurando avaliar o grau de neoclassicismo na sua obra, chega as seguintes implicações. Primeiro, há uma relação tensa, mas umbilical, com a economia neoclássica – embora a critique e dela se afaste em vários pontos e de muitas maneiras, a economia neoclássica continua constitutivamente presente como quadro de referência no contexto do qual formula seus problemas e na "língua materna" à qual retorna constantemente em busca dos instrumentos conceituais de que necessita para pensá-los [39]. Em segundo lugar, ao utilizar "sabiamente" a linguagem econômica neoclássica, North é capaz de conversar de forma bastante "eficaz" com seus pares. Afinal, sem o convencimento e o consentimento dos mesmos, não haveria como sua teoria "vingar". Terceiro, North não quer demolir, nem sequer abandonar um terreno batido para explorar novas paragens, armado de outras metáforas. Sua tarefa é a de um reformador moderado. Identificando dificuldades da teoria neoclássica no trato de certos problemas, ou questões por ela silenciadas, passa a reexaminar os seus supostos, a fim de lhes introduzir as alterações necessárias para acomodar os fenômenos problemáticos. Quarto, há na análise de North um claro dedutivismo e reducionismo, pois faz parte de seu programa de pesquisa estender o individualismo metodológico à análise institucional. Por fim, North logra êxito em ampliar as fronteiras do ferramental neoclássico. "[...] Numa prática que poderia ser caracterizada por ciência normal (em termos kuhnianos) ou ampliação do cinturão protetor (em termos lakatosianos), North constrói uma obra de ortodoxia ampliada. Traz em seu bojo, naturalmente, alguns pontos heterodoxos necessários à ampliação de tal arcabouço teórico"[40].

Mas não é só isso. Velasco e Cruz (2004, p. 46), identificou um estranho hibridismo no comportamento de North. Em outras palavras, este autor afirma que North emprega "[...] conceitos de conteúdo técnico preciso – "função de utilidade", "elasticidade da função" – em contextos tais que os seus requisitos lógicos – aditividade, divisibilidade, independência do contexto – estão ausentes." Também neste sentido, segundo ainda o mesmo autor, há mais do que uma agressão linguística contida na ideia de que se pudesse calcular o ponto exato, dados o interesse pecuniário e o sentimento moral (família, fé ou pátria), em que o indivíduo escolheria o primeiro em relação ao segundo. Este hibridismo pode ser confirmado:

> [...] ao observar o uso canhestro de categorias da análise neoclássica em relação a esferas de problemas e a campos semânticos que originalmente lhes eram estranhos e que só as comportam como metáforas vagas e ineptas [...] (VELASCO e CRUZ, 2004, p. 46).

Não resta dúvida que as críticas acima são pertinentes. Mas, se os autores anteriormente citados pudessem ter avaliado o último livro de North (2005), certamente teriam ponderado as suas críticas quanto ao caráter neoclássico deste autor. Este último trabalho, de certa forma, coroa a sua obra com um amplo entendimento do processo de mudança institucional ao incorporar elementos citados no segundo parágrafo deste item, afastando-se sobremaneira da teoria neoclássica, que tem forte apelo principalmente na sua obra de 1990.

5.2. As instituições e o seu papel no sistema econômico[41]

O conceito de instituições[42] em North apresenta dois momentos. O primeiro, no seu texto de 1984, as instituições tinham uma função precisa de determinantes subjacentes da performance econômica:

> '[...] las instituciones son un conjunto de reglas, procedimientos de aceptación y cumplimiento de las mismas, y normas éticas y morales de comportamiento que se diseñan para restringir el comportamiento de los individuos con el objetivo de maximizar la riqueza o la utilidad de los governantes y sujetos principales de una sociedad [...]'[43]. No entanto, ao atribuir às instituições uma função precisa e ao especificá-la de forma tão estreita, esta definição era dificilmente sustentável[44].

Já na definição do seu texto de 1990, pondera essa funcionalidade das instituições no desempenho econômico: "[...] Institutions are the rule of the game in a society, or, more formally, are the humanly devised constraints that shap human interaction. In consequence they structure incentives in human exchange, wheter political, social, or economic [...]."[45] Como o próprio autor trata de ressaltar: "Institutions are not necessarily or even usually created to be socially efficient; rather they, or at least the formal rules, are created to serve the interests of those with the bargarian power to devise new rules"[46].

Mas, além do problema da funcionalidade das instituições em North, existem dois outros problemas que precisam ser considerados para um melhor entendimento das instituições e do processo de transformação econômica. O primeiro está relacionado a sua filiação teórica e se expressa através do individualismo ontológico da tradição neoclássica, pelo qual as instituições surgem no seu texto como dados brutos, uma espécie de "variável explicada" pela escolha dos agentes que, por razões de eficiência, optam por contratualizar suas interações ao invés de recorrer ao mercado, como informa Conceição (2001).

Apesar do individualismo está sempre presente em sua obra, North (2005) inseriu um novo elemento para explicar o surgimento das instituições: a intencionalidade humana refletida nos vários sistemas de 'crenças' (ideologias). Em seu livro de 1984, as instituições aparecem para reduzir a incerteza e consequentemente os custos de transação. Em 1990, para reduzir a incerteza, os custos de transação e operar a cooperação entre os agentes. Neste momento da sua obra, existe apenas uma referência a respeito do papel que as ideias, ideologias organizadas e mesmo as religiões poderiam desempenhar em moldar as sociedades e as economias. A sua contribuição mais importante veio em 2005, quando afirmou que: "[...] The beliefs that humans hold determine the choices they make that, in turn, structure the changes in the human landscape [...]"[47], e consequentemente a estrutura institucional subjacente.

O segundo problema está em considerar as instituições como constrangimentos. O argumento contrário é que as recompensas, ainda que possam ser estabelecidas por meio de certas regras, pelo menos na maioria dos casos, dificilmente podem ser vistas como "restrições". Desenvolvendo este argumento, Chang e Evans (2000), observam que os representantes da corrente teórica do *mainstream* econômico geralmente não pensam em instituições, mas até onde eles fazem, as instituições são vistas como "restrições" em relação ao funcionamento do livre mercado que criam "rigidez" e consequentemente ineficiência. Empregando a retórica de "constrangimentos", mantém-se o mito de que o mercado é a ordem natural que deve prevalecer, enquanto instituições são substitutas artificiais que devem ser acionadas para quando os mercados se apresentarem falhos. Não que Chang e Evans estejam negando que as instituições não imponham constrangimento[48], mas principalmente, que as instituições devem ser vistas também como estímulos, nas palavras dos autores *enabling devices*[49]. Ao que definem instituições como[50]:

> [...] are systematic patterns of shared expectations, taken-for-granted assumptions, accepted norms and routines of interaction that have robust effects on shaping the motivations and behaviour of sets of interconnected social actors. In modern societies, they are usually embodied in authoritatively coordinated organizations with formal rules and the capacity to impose coercive sanctions, such as the government or the firms [...][51] (CHANG E EVANS, 2000, p. 2).

Às visões das instituições como *constrainting* e como *enabling*, Chang e Evans (2000), adicionam uma terceira visão das instituições como *constitutive*. Fundamental, segundo eles, para a análise do papel das instituições na mudança econômica. Refere-se à dimensão simbólica das instituições que é percebida em certos valores ou "visões de mundo" e que moldam o comportamento das pessoas que vivem sob elas.

Estas três visões de instituições não são mutuamente exclusivas, como afirmam os referidos autores. Assim, não há nenhuma inconsistência ao dizer que as instituições estão constrangendo, "habilitando", e atuando como "constitutivas" ao mesmo tempo. E realmente a menos que se reconheça estes três aspectos, a análise das instituições não estaria completa. Como resultado desta perspectiva, a mudança institucional passa a depender também da **combinação de interesses e projetos ideológicos/culturais** (elemento que tem grande importância nas mudanças institucionais, pouco explorado mesmo pelos institucionalistas e que fornece um ponto de apoio ao desenvolvimento deste estudo, como se tornará claro mais a frente). Logo, para alterar instituições são necessárias mudanças nas "visões de mundo" que são subjacentes às estruturas institucionais, no que concordam com North neste ponto, como será descrito mais adiante, apesar de terem perspectivas diametralmente opostas quanto à questão do intervencionismo para fins de desenvolvimento.

Isto porque, a relevância das inter-relações entre instituições e a maior compatibilidade entre algumas delas quando comparadas a outras, funciona como um mecanismo, no sentido de aprofundar uma determinada trajetória inicial estabelecendo uma situação de *lock-in* – concentração em certo(s) tipo(s) de hábitos ou "soluções" –, a despeito desta se mostrar eficiente ou não. Em outras palavras, as instituições apresentam um comportamento claramente dependente de suas trajetórias e histórias, sendo isto verdadeiro tanto para as instituições sociais como um todo quanto para instituições específicas mais relacionadas à economia ou aos comportamentos e rotinas adotados no interior delas. Por seu turno, a manutenção ou saída de uma situação de *lock-in*, depende em grande parte das relações de poder, da legitimação de uma determinada ideologia e do respectivo nível de conflito ou cooperação que passa a existir entre os grupos estabelecidos. A citação de Sindzingre (2002, p. 3), ajuda a esclarecer este ponto:

They are path-dependent, interact with each other, and their meaning and function cannot be understood independently from the existence of other institutions with which they "compose". Rather than static ex ante entities, institutions should be apprehended in the perspective of their "composition" with other existing institutions in a given setting. One is dealing here with permanent processes of transformation, the singular outcomes of which emerge only ex post. Moreover, institutions are always shaped by the power relationships that stem from the local political economy, which are ignored in the neoclassical approach of institutions and its pivotal concepts of property rights and transaction costs, or reduced to rent-seeking or interest groups competing on political markets.[52]

Portanto, para Sindzingre (2002), o desenvolvimento econômico é resultado de um modo particular de composição entre instituições de um lado, e de interesses e forças políticas e econômicas nacionais e internacionais, de outro. Essa perspectiva sugere uma **centralidade da política econômica na construção e transformação das instituições**, ausente na obra de North. Somente assim, é que se consegue dar um novo sentido ao papel das instituições e, especialmente, da instituição mais importante do capitalismo, o Estado, no processo de desenvolvimento.

A imbricação entre política e economia foi uma contribuição importante do pensamento de Polanyi (2000), que passou despercebida por um considerável período de tempo. A visão deste autor, pelo seu grau de riqueza, parece incorporar as visões acima expostas e ir um pouco além. Ele tinha claro que as leis de mercado só são relevantes no cenário institucional de uma economia de mercado. Na sua obra, o termo "sistema de mercado" designa um padrão institucional específico no qual:

> [...] todas as transações se transformam em transações monetárias e estas, por sua vez, exigem que seja introduzido um meio de intercâmbio em cada articulação da vida industrial. Todas as rendas devem derivar da venda de alguma coisa e, qualquer que seja a verdadeira fonte de renda de uma pessoa ela deve ser vista como resultante de uma venda. É isto o que significa o simples termo "sistema de mercado" pelo qual designamos o padrão institucional descrito" (POLANYI, 2000, p. 60).

Como bem sintetiza Vinha (2001, p. 6), "na visão de Polanyi, o processo econômico é "instituído" porque está definido pela interação, empiricamente construída, entre o homem e seu ambiente, resultando na satisfação tanto das suas necessidades materiais quanto das psicológicas." Segundo a autora, o termo "instituído" pressupõe que as atividades sociais que formam este processo estão contidas em instituições. Nesse sentido, conclui-se que sem sua expressão institucional, os componentes econômicos, agrupados como ecológicos, tecnológicos ou societais do processo econômico não interagiriam, nem formariam a unidade e a identidade estrutural que fundamentam uma determinada sociedade.

Segundo o próprio Polaniy (2000), a instituição dos processos econômicos resulta em unidade e estabilidade. Esta instituição ou institucionalização produz uma estrutura com uma função definida na sociedade, altera o lugar dos processos em sociedade e adiciona significado à história, bem como centra **interesses sobre valores, motivos e política**. Portanto, unidade e estabilidade, estrutura e função, história e política exprimem operacionalmente o sentido de que a economia é um processo instituído que organiza, orienta e impõe limites às funções do mercado. Ou seja, a "economia humana", termo que o autor utiliza, está enraizada em instituições econômicas e não econômicas, ambas igualmente vitais para a sua estruturação e funcionamento.

Dado que unidade e estabilidade não existem no vazio e que as interações sociais não são eminentemente racionais, os arranjos institucionais comportam diferentes formas, as quais passam pelo confronto, do qual pode vir a surgir a negociação e a cooperação; os principais mecanismos que articulam interesses diferenciados capazes de conferir estabilidade ao sistema social e econômico, já que ambos não existem de forma independente[53].

> [...] As instituições são o 'locus' das relações econômico-sociais. Por conseguinte, através delas formam-se a cultura econômica que informa as atividades, valores, comportamentos e regras que as orientam. Neste sentido, o mercado não tem autonomia face às instituições - isto é, não se encontram em campos distintos - mas, ao contrário, são as formas institucionais, historicamente construídas (isto é, enraizadas por contextos específicos), que cada sociedade encontra para fazer valer os interesses dos seus grupos sociais que criam mercados (aqui considerados como arena econômica onde se confrontam interesses diversos) (VINHA, 2001, p. 21).

A visão acima exposta permite uma colocação adicional. Se os processos econômicos são instituídos eles também podem ser "dirigidos", para o bem ou para o mal, de acordo com os níveis de confronto, cooperação e negociação existentes, resultantes da distribuição de poder entre os vários grupos sociais. Por dirigidos aqui se procura dar um significado semelhante ao que Polanyi emprega ao termo intervencionismo. Em suas palavras,

> [...] a ficção da mercadoria menosprezou o fato de que deixar o destino do solo e das pessoas por conta do mercado seria o mesmo que aniquilá-los. Assim, o contramovimento se propunha a enfrentar a ação do mercado em relação aos fatores de produção – trabalho e terra. Foi esta a função principal do intervencionismo[54].

E acrescenta:

> [...] o comportamento dos próprios liberais provou que a manutenção da liberdade de comércio – em nossos termos, de um mercado auto-regulável – longe de excluir a intervenção, na verdade exigia tal ação, e que os próprios liberais apelaram sistematicamente para a atuação compulsória do estado, como no caso da lei dos sindicatos profissionais e das leis antitrustes (POLANYI, 2000, p. 183).

Da discussão acima, três elementos apresentam-se fundamentais para o entendimento da relação entre instituições, políticas e resultados econômicos. São eles o papel do Estado, os processos políticos e as ideologias.

5.3. Considerações sobre Estado, política e interesses

Retornando a North, no prefácio de seu livro *Estructura y Cambio en la Historia Económica* (1984), ele afirma que as organizações políticas e a ideologia são essenciais na explicação das mudanças institucionais.

> Es difícil determinar cómo las instituciones no económicas interactúam con aquéllas que están directamente envueltas en la produción y el intercambio. Además, la construcción y destrucción de estas instituciones – económicas y no económicas – no ocurre no vacío, sino que son el resultado de las **precepciones sociales, producto de los valores y oportuinidades generados por la historia**. La <<realidad>> no es absoluta, es un producto histórico de racionalización social del mundo y se compone fundamentalmente de la opinión general sobre lo correcto e incorecto de las costumbres, reglas e instituciones existentes".[55] (NORTH, 1984, p. 27)
> "[...] los dos cimentos esenciales para comprender la estructura son una teoría del Estado y una teoría de los derechos de propriedad [...] una teoría del Estado es esencial porque es él quien especifica la estructura de los derechos de propriedad. En última instancia, el Estado, que es responsable de la eficiencia de dicha estrutura, es el causante del crecimiento, estancamiento o declive económico [...] este bloque fundamental es, por desgracia, ignorado en la explicación del cambio secular en la historia económica (NORTH, 1984, p. 31 e 32).

Portanto, para o autor, uma teoria dos direitos de propriedade se faz necessária para explicar as formas de organização econômica que os seres humanos planejam para reduzir os custos de transação[56]. Os direitos de propriedade aparecem como resultado de uma contínua tensão entre os desejos do Estado de maximizar renda e os esforços para reduzir os custos de transação das partes no processo de troca. Isto porque, neste momento de sua obra, a teoria do Estado é a de um modelo de maximização condicionada.

North define o Estado como uma organização com vantagem comparativa em violência, que se estende sobre uma área geográfica cujos limites são determinados pelo poder de arrecadar impostos de seus habitantes. Segundo ele, uma organização que tem essa vantagem comparativa está em posição de especificar e fazer respeitar os direitos de propriedade. O ponto chave para compreender o Estado para North, segundo o próprio autor, diferentemente das teorias política, sociológica e antropológica, está no uso potencial da violência para ganhar o controle sobre os recursos [57]. Portanto, o Estado, em North, é um monopolista discriminador que maximiza renda, separando cada grupo de governados e planejando direitos de propriedade para cada um deles.

> Los servicios básicos que el Estado ofrece son las reglas del juego. Evolucionen, bien como un cuerpo de tradiciones no escritas (como en el feudalismo), bien como una Constitución escrita, tienen dos objetivos: uno, especificar las reglas fundamentales de competência y cooperación, que proporcionarán una estructura de derechos de propriedad (es decir, especificar la estructura de propriedad en los mercados de factores y

productos) para maximizar las rentas correspondientes al gobernante; dos, dentro del marco del primer objetivo, reducir los costes de transación para favorecer al máximo de producción social y, de este modo, incrementar el rendimiento de los impuestos que corresponden al Estado (NORTH, 1984, p. 39).

Os serviços oferecidos pelo Estado possuem economias de escala que estão associadas à invenção de um sistema de leis, de justiça e de defesa. Estas economias de escala são, para o referido autor, a fonte básica que fundamenta a civilização. Em outras palavras, a criação do Estado nos milênios posteriores a Primeira Revolução Econômica, foi a condição necessária de todo o desenvolvimento econômico posterior, como afirma North.

No entanto, esta visão do Estado, além de reducionista, é preconceituosa, para não dizer ideológica. Preconceituosa e ideológica no sentido de os exemplos utilizados para comprovar a sua teoria são a Inglaterra e os Estados Unidos, nenhuma alusão sendo, por exemplo, feita a outros países exitosos, como o Japão, à Coréia, ou a qualquer país asiático. O seu reducionismo, ao tratar o Estado como monopolista discriminador, o impede de observar que as transformações institucionais, no setor público, poderiam alterar o conjunto de incentivos privados desses países para um padrão dinâmico de acumulação industrial. Indo um pouco além, não há lugar na sua teoria para a ideia, aparentemente limitada, de que mecanismos de governança burocrática poderiam se adaptar para gerenciar o crescimento e que, por sua vez, poderiam ser hábeis para alterar a "visão de mundo" e a estrutura de incentivos de empreendedores locais, como ocorreu na Coréia. Perspectiva pela qual a mudança institucional depende da combinação de uma base de interesses e de projetos culturais/ideológicos, na qual a "visão de mundo" dos atores pode moldar os interesses e vice-versa.

Em resumo, na visão de North (1990), as instituições importantes para o desenvolvimento econômico são aquelas presentes na Europa Ocidental e nos Estados Unidos[58]. Mas, além desta questão ideológica há a questão de uma explicação conformista para o resto do mundo que é traduzida no seu conceito de *adaptive efficiency*: instituições com capacidade de resistir a choques e superar problemas contínuos, ou seja, que lidam eficientemente com as mudanças de realidade. North afirma que foi necessário um período de quatrocentos ou quinhentos anos para o desenvolvimento de instituições nos países que usa como exemplos. Esta questão parece ser melhor compreendida por Bendix (1996, p. 244), quando afiram que:

> [...] a questão é que os países que chegaram tarde ao processo de desenvolvimento possuem estruturas sociais que devem ser compreendidas em seus próprios termos mais do que meramente como 'estágios transitórios' ao tipo de sociedade industrializada exemplificada pelo exemplo inglês ou, melhor ainda, pelo americano.

Para Medeiros (2001, p. 50), o programa de pesquisa da nova economia institucional, liderada por Douglass North, com o qual as principais conclusões da abordagem histórica de Landes (1998), é consistente, apresenta um aspecto comum sobre a desigualdade no progresso das nações; que é o entendimento de que as forças básicas do desenvolvimento econômico se encontram nas relações descentralizadas do mercado. Dessa forma, para Medeiros (2001, p. 55), "[...] tanto North quanto Landes acabam por sustentar em suas análises do longo prazo as vantagens e as virtudes do Estado liberal tal como formulado por Locke e Kant." Reduzir assim, a ação positiva do Estado à defesa e promoção dos contratos e da propriedade privada é não apenas extraordinariamente limitante como obscurece as relações centrais, na conclusão do autor[59].

A visão de Medeiros é também compartilhada por Evans (1998), para o qual "a existência do Estado é essencial para o crescimento econômico". A sua crítica é a seguinte quanto ao pensamento de North sobre o papel do Estado: o Estado essencial, para a economia neoclássica era um Estado mínimo, "North considera a visão neo-utilitarista do Estado como um *Leviatan*, como uma "história mal contada", mas oferece pouca análise concreta de como as variações na estrutura do Estado podem ter consequências para a transformação industrial" [60].

No entanto, na sua obra de 1990, North repensa o papel do Estado e aprofunda a inter-relação entre o político e o econômico. Para Fiani (2003b), a evolução do pensamento de North com relação ao papel institucional do Estado na economia alcançou seu ponto culminante nesse momento.

> Desta forma, transações políticas ou econômicas são tornadas equivalentes, como formas válidas de os agentes realizarem os ganhos que uma dada estrutura de direitos possibilita: mais uma vez se observa que o plano econômico e o plano político se entrelaçam. Mais importante ainda, faz parte das possibilidades estratégicas dos agentes, desde que assim considerem ser conveniente, investir em mudanças na estrutura política da sociedade, visando a uma redefinição de direitos de propriedade e, conseqüentemente, a redefinição das oportunidades de ganho. Obviamente, há uma

grande diferença aqui em relação ao modelo de Estado em que o governante negocia a definição de direitos e oferta de bens públicos em troca de receita fiscal: North (1990) reconhece em seu modelo uma multiplicidade de agentes, que eventualmente podem investir na própria redefinição da estrutura política que define e garante direitos de propriedade.[61]

Apesar de incorporar a ideia de que os agentes (legisladores e grupos de interesse) negociam entre si buscando uma solução cooperativa, North continua não considerando o papel que a ideológica pode desempenhar na alteração da condução política das economias. Não há espaço em sua obra para considerar o papel ativo do Estado. Intenta-se demonstrar aqui o contrário, que:

> [...] o Estado (e as organizações que o conformam) [precisa ser] visto como um dos principais, se não o principal, agente homogeneizador das organizações e instituições que dele dependem, pois além de poder atuar como fornecedor ou demandante, tem a possibilidade de promulgar leis e normas - nem sempre a partir de fundamentos técnicos - restringindo assim, em grande parte das vezes, o leque de arranjos organizacionais disponíveis às instituições que dele dependem [...] Mas também não se pode esquecer [...] que o Estado igualmente possui a possibilidade de criar artificialmente uma maior variedade de tipos de organização, quer dizer, que o Estado tem a chance de seguir ambos estes objetivos conflitantes[62] – até mesmo simultaneamente – para diferentes organizações (STRACHMAN, 2002, p. 160).

Em síntese, o elemento necessário para entender o papel do Estado no desempenho e trajetória das economias diz respeito à combinação de interesses e projetos ideológicos/culturais. Por seu turno, esta combinação de interesses e projetos ideológicos/culturais dependerá da orientação ideológica que assume o Estado e do grau de legitimação que avoca esta combinação perante a sociedade através dos processos políticos institucionalmente instituídos.

6. As ideologias e os interesses

> O poder pode ser socialmente maligno; mas é também socialmente imprescindível. É preciso julgá-lo, mas certamente não será possível aplicar um julgamento geral para todo o poder.
>
> **Galbraith**

A importância das ideologias para a formação e permanência das instituições não deve ser minimizado, apesar de se constituir em um campo árduo mesmo para sociólogos. Há de se considerar que as ideologias podem intervir a favor ou contra uma maior instrumentalidade institucional.

> [...] Sua importância pode ser resumida no fato de a ideologia ser claramente uma pré-condição para a ação dos vários agentes sobre o mundo. Isto é, os vários agentes logicamente dependerão do modo como apreendem este mundo nas suas tentativas de ação sobre ele, tanto a partir da interpretação do que deve ser feito quanto na definição da forma pela qual se deve atuar para conseguir certos resultados pretendidos (STRACHMAN, 2000, p. 121).

De forma geral, existe uma importante inter-relação entre instituições e ideologias. As instituições e, particularmente, o Estado procuram criar previamente às suas ações, ideologias que as justifiquem. E mesmo após serem bem-sucedidas em algum objetivo, geram novas ideologias que as legitimam. Portanto, "a transmissão do significado de uma instituição baseia-se no reconhecimento social dessa instituição como solução "permanente" de um problema "permanente" da coletividade dada"[63]. É essa característica que possibilita, por exemplo, a reeleição de determinado político, que por sua vez representa um partido político e o seu projeto de ação política. Em outras palavras, as ideologias desempenham um duplo papel: tanto de justificar (dimensão passiva) quanto de transformar (dimensão ativa) processos econômicos estabelecidos.

Ao longo do tempo, a estrutura de uma sociedade, sendo caracterizada pelas **instituições econômicas e políticas, tecnologia, população e ideologia subjacente,** determina o seu funcionamento e os seus resultados. Com essa assertiva, North inicia o seu livro de 1984: *Estructura y cambio en la historia económica*. A sua principal preocupação está em teorizar sobre a estrutura das economias e dar conta da estabilidade e mudança nestas referidas estruturas. Isso porque, conforme a sua justificativa, os instrumentos analíticos utilizados pelos historiadores econômicos não foram capazes de explicar questões centrais das economias ao longo do tempo, como a estrutura institucional subjacente ao funcionamento de um sistema econômico e as suas respectivas transformações que levam a ascensão ou ao declínio das sociedades. A hipótese do autor é que as organizações políticas e a ideologia são os ingredientes fundamentais (*esenciales*) na explicação das mudanças institucionais e seus respectivos desdobramentos econômicos.

A tese fundamental de North é que a seguridade dos direitos de propriedade tem sido um determinante crítico da taxa de poupança e da formação de capital. Todavia, "[...] pero el hecho de que el crecimiento haya sido más excepcional que el estancamiento o el declive, nos sugiere que los derechos de propriedad 'eficientes' no han sido lo habitual en la historia [...]"[64]. Isso porque, num mundo em que grande parte das decisões são tomadas fora do mercado, as estruturas políticas ineficientes sobrevivem durante extensos períodos de tempo. Por sua vez, estas estruturas políticas e, acrescente-se, econômicas ineficientes, fazem com que a existência de ideologias rivais seja uma questão fundamental para a compreensão da história econômica.

Para decifrar a estrutura da sociedade, North centra o seu trabalho na construção de uma teoria das instituições, a qual tem como fundamentos:

> 1. Uma teoría de los derechos de propriedad que describa los incentivos indiviuales y sociales del sistema.
> 2. Uma teoría del Estado, ya que es el Estado el que especifica y hace respetar los derechos de propriedad.
> 3. Uma teoría que explique cómo lãs diferentes percepciones de la realidad influyen em la reación de los individuos ante la cambiante situación 'objetiva'.[65]

Para os objetivos desta seção, os dois últimos itens são os mais importantes. O papel do Estado foi analisado no item anterior. O foco deste item centra-se nas ideologias.

North (1984), reconhece que algumas das mudanças ocorram marginalmente, como implica o modelo neoclássico, mas outras não. Ao analisar o trabalho de Olson (1965), sobre a forma de conduta de grupo que existiria num mundo neoclássico, concorda com este na observação de que o comportamento diário confirma a existência onipresente do *free rider*. Olson, demonstrou que quando historicamente se organizam grandes grupos para provocar mudanças, ditos grupos tenderiam a ser instáveis e a desaparecer, pois os indivíduos racionais não incorreriam em custos de participar em uma ação de um grupo quando estes poderiam receber benefícios individuais comportando-se como *free riders*. North, entretanto, torna essa relação ambivalente e usa a afirmação do comportamento onipresente do *free rider* para confirmar "[...] el imenso número de casos en que se produce uma acción de un grupo grande, acción que constituye un factor esencial de cambio y que, sin embargo, es inexplicable en términos neoclásicos [...]."[66]

> [...] se necesita algo más que un cálculo sobre el coste/beneficio individual privado para explicar el cambio y la estabilidad [...] El cambio y la estabilidad em la historia exigen una teoría de la ideologia para explicar lãs desviaciones producidas respecto al cálculo racional e individual de la teoría neoclásica.[67]

Para North, a introdução do conceito de ideologia não diminui a capacidade científica da teoria econômica, pois para ele através deste conceito podem-se derivar provas refutáveis de hipóteses competitivas. O conceito ainda é importante por outras razões: resolver o problema do *free rider* e; explicar grande parte das transformações seculares. O problema do *free rider* é resolvido da seguinte forma:

> Su propósito fundamental [da ideologia] es hacer
> que los grupos sociales se comporten de manera
> contraria al simple cálculo individual y hedonístico
> de costes y benefícios [...] Los costes de
> mantenimiento del orden existente están
> invesamente relacionados com la legitimidad
> percibida del sistema existente [...].[68]

Ao afirmar que as mudanças econômicas seculares não podem ser explicadas apenas pelas mudanças nos preços relativos, como defende a teoria neoclássica, o referido autor abre a possibilidade de outra hipótese, apesar de não a desenvolver. Em uma palavra: de que a evolução das propostas ideológicas, podem levar, indivíduos e grupos sociais, a participarem ativamente de atividades políticas e no limite, assumirem a direção do Estado para implementarem seus próprios projetos políticos (dimensão ativa da ideologia).

No seu livro de 1990, o referido autor avança no tratamento da evolução das instituições para explicar as diferentes performances das economias através do tempo. Nesse momento, a ideologia entra de forma indireta, através das organizações, pois a distinção entre organizações e instituições torna-se crucial para a sua explicação das transformações econômicas.

> [...] Modeling organizations is analyzing governance
> structures, skills, and how learning by doing will
> determine the organization's success over time.
> Boht what organizations come into existence and
> how they evolve are fundamentally infuenced by
> the institutional framework. In turn they influence
> how the institutional framework evolves [...][69]

Essa foi a forma encontrada pelo autor para retornar à teoria neoclássica: construir uma teoria das instituições sobre os fundamentos da escolha individual. Aliás, esse parece ser o trabalho mais neoclássico de North. Ele reduz o agente da mudança ao indivíduo empreendedor que responde aos incentivos personificados na estrutura institucional e em certa altura muda o termo ideologia por preferências: "[...] the sources of change are changing relative prices or preferences [...]"[70]. Ressaltando que mudanças nos preços relativos constituem a principal fonte das mudanças institucionais. O processo de mudança institucional passa a ser então descrito da seguinte forma:

> A change in relative prices leads one or both parties to an exchange, whether it is political or economic, to perceive that either or both could do better with an altered agreement or contract. However, because contracts are nested in a hierarchy of rules, the renegotiation may not be possible without restructuring a higher set of rules [...] entrepreneurs and their organizations will respond to changing (perceived) price ratios either directly, by devoting resources to new profitable opportunities or – when change is unrealizable within existing rules – indirectly, by estimating the costs and benefits of devoting resources to altering the rules or enforcement of rules.[71]

Ao considerar que as instituições fornecem a chave para o entendimento da inter-relação entre política e economia e desta inter-relação para o crescimento econômico, este passa a ser explicado por mercados políticos e econômicos eficientes e que possibilitariam aos atores moverem-se incrementalmente para resultados mais eficientes. Por exemplo, "[...] but on balance nineteenth-century U.S. economic history is a story of economic growth because the underlying institutional framework persistently reinforced incentives for organizations to engage in productive activity however admixed whit some adverse consequences"[72]. Do contrário, se a estrutura institucional possuísse um conjunto reverso de incentivos,

> The organizations that develop in this institutional framework will become more efficient – but more efficient at making the society even more unproductive and the basic institutional structure even less conducive to productive activity. Such a path can persist because the transaction costs of the political and economic markets of those economies together with the subjective models of the actors do not lead them to move incrementally more efficient outcomes.[73]

Os resultados positivos são alcançados pelo papel que a "coordenação" desenvolve no sistema econômico. Este é o conceito chave para entender todo o desenvolvimento que North faz acerca das instituições e da mudança institucional, e os seus resultados para a peformance das economias: "If economies realize the gains from trade by creating relatively efficient institutions, it is because under certain circumstances the private objectives of those with the bargaining strenght to alter institutions produce institutional solutions that turno ut to be or evolve into socially efficient ones"[74].

Entretanto, existe uma outra abordagem para esta questão e que mais tarde o próprio North reconhece e a desenvolve. Para introduzi-la, utiliza-se o argumento de Vries (2001), desenvolvido no artigo *The role of culture and institutions in economic history: can economics be of any help?* Este autor destaca que:

> Institutions do have dynamics and logics of their own that cannot directly be reduced to the culture of the individual participants involved, but on the

other hand, they simply cannot be understood nor explained without reference to that culture. In a sense culture can be regarded as the software of institutional arrangements that, in turn, play a big part in determining culture. However awkward this may be for the theoretician: we are discussing a tight and dialectical relationship between elements that are almost impossible to keep apart. Institutions as structures and culture as their software in the end are two sides to the same coin (VRIES, 2001, p. 2).[75]

Em 2005, North ao utilizar elementos como a incerteza, a não-ergodicidade, o sistema de crenças[76] e a intencionalidade humana, como fundamentos de sua teoria do processo de mudança econômica, consequentemente afasta-se, em certa medida, da teoria neoclássica e adota uma abordagem de natureza mais *culturalist*, o que permite ao referido autor concluir que: "[...] Economic change, therefore, is for the most part deliberated process shaped by the perceptions of the actors about the consequences of their actions. The perceptions come from the beliefs of the players [...] beliefs that are typically blended whit their preferences"[77]. Portanto, para o referido autor a chave para entender o processo de mudança passa a ser a 'intencionalidade' dos jogadores, entendidos como grupos e não mais como indivíduos[78], de estabelecerem a mudança e da forma como compreendem essa. E mais importante, o mundo considerado pelo autor se distancia do mundo neoclássico, pois o processo de mudança econômica passa a ser considerado dentro de um mundo que possui incerteza e é não-ergódigo: "[...] the study of the processo of economic change must begin therefore by exploring the ubiquitous efforts of human beings to deal with and confront uncertainty in a non-ergodic world"[79].

A incerteza, segundo o autor, não é uma situação inusitada, ela tem sido uma condição subordinante da evolução da organização humana através da pré-história e história. Os sistemas de crenças (ideologias) e instituições construídos somente têm sentido como uma reação continuada para os vários níveis de incertezas que as sociedades têm confrontado e continuam a confrontar. Isto porque a natureza de um mundo não-ergódigo é a sua continua alteração.

Se as instituições devem ser explicadas em temos da intencionalidade humana, a pergunta imediata que surge é: quem estabelece as leis, para quem são estabelecidas e com quais objetivos? No entanto, essa pergunta perde o foco devido a dois fatores encontrados em North (2005): 1) o tratamento gradualista da mudança institucional e; 2) a suposição de que a ideologia serve como um instrumento apenas para reduzir o custo de manutenção da ordem estabelecida e prevenir a mudança institucional. Esta generalização merece qualificações.

Como observa Fiori (2002), a mudança institucional em sua totalidade exibe um processo mais complexo do que a passagem de instituições informais para formais, apesar de concordar de que é resultado das interações entre instituições (formais e informais) e organizações. Para o referido autor, essa relação entre instituições e organizações que caracteriza a mudança institucional é mais que um processo bi-direcional[80]:

> Informal and formal institutions appear to be unidirectionally connected, in both logical and historical terms. Yet North has tacitly shown that such a scheme is incomplete [...] In conclusion, the final scheme seems to represent a bi-directional and linear relation, from informal to formal rules and vice versa, although the former rules seem to play a

considerable role in explaining the general tendency of institutional change. In particular, the process takes the form of a continuous dynamic movement in which formal constraints create informal ones by 'extension,' integration, and so on, and these latter, in turn, modify or produce (by 'extension') new formal rules, and so on (FIORI, 2002, p. 1027 e 1028).[81]

O principal ponto do artigo de Fiori (2002.), é explorar as implicações do conceito de "gradualismo" no trabalho de North, o qual permite fazer uma análise clara da relação que tem para o mesmo, a interação entre organizações e instituições. Para o autor, este conceito tem um importante significado no discurso de North. Como uma consequência lógica de seu raciocínio, mas a despeito de sua função estratégica, North não deu um tratamento teórico ao mesmo. O referido autor conclui que "[...] the gradualistic view of institutional change is not utilizable in many respects, although it performs an indisputable role as an explanatory category in a number of cases addressed by North."[82] De fato, "gradualismo" em North conota a relação entre regras formais e informais. A mudança ocorre na margem. Quando perseguem seus objetivos as organizações incrementalmente alteram a estrutura institucional. Por um lado, elas são moldadas pelos incentivos inseridos na estrutura institucional e por outro, sua evolução estimula "mudanças na margem" nas instituições. Dessa forma, a mudança institucional deriva da agregação de milhares de pequenas específicas alterações.

A principal crítica de Fiori (2002), é que North não considera nenhuma possibilidade de descontinuidade ou conflito na passagem de um tipo de regra (informal) para outro (formal):

> But, as consequence of this, the notion of
> "unidirectional" passage from one kind of rule (the
> informal) to another (the formal) should be
> dropped, while continuity and gradualism maintain
> their coherence in North's model. In fact, the
> concept of continuity is evidently included in the
> bi-directional view: on one hand, formal rules
> derive from a slow transformation of informal
> ones; on the other, informal rules are integrated
> and extended by formal norms. In short, neither
> discontinuity nor conflict appears between both
> kinds of rules (FIORI, 2002, p. 1028).[83]

Partindo dos próprios exemplos de North, o autor acima citado, propõe a seguinte tese: as regras ou instituições formais não são o desenvolvimento coerente das informais (ou vice-versa) e as primeiras apresentam tendências opostas às últimas.

> Formal and informal constraints often constitute
> conflicting options for individuals, so that it is
> difficult to conceive them in terms of reciprocal
> continuity or 'extension.' Conflicts can impede
> both the gradual passage from one constraint to
> another, and they do not exhibit a plain and
> coherent coexistence. All this stresses the role of
> contingencies in the process of institutional change:
> the more the rules conflict, the more contingencies
> can determine the result of process, and the less the
> past (embodied in informal rules) is able to
> condition the direction of change" (FIORI, 2002,
> p. 1038 e 1039).[84]

Não é somente a questão do gradualismo ou do conflito entre os dois tipos de regras ou instituições que importam para a explicação dos processos de mudanças institucionais econômicas. Primeiramente, há que se considerar a questão das mudanças políticas decorrentes de novas ideologias que podem alterar certos procedimentos administrativos e criar novos organismos públicos, para uma orientação diferente das políticas econômicas, dentro de um sistema federativo, ou seja, dentro de uma matriz institucional estabelecida. Neste sentido, há uma ruptura política com o passado, mas não uma ruptura institucional, porque a carta constitucional do País continua valendo para todas as suas unidades políticas. Dito de outra forma, as mudanças institucionais ocorrem dentro de uma orientação mais geral, ou seja, dentro das regras estabelecidas para o funcionamento da federação, entretanto têm impacto significativo sobre os resultados econômicos daquela unidade na qual ocorreu tal mudança política.

Neste sentido, há de se reconhecer que North avançou para além dos limites da racionalidade neoclássica, embora continue sendo uma visão reducionista por não permitir abordar o Estado como uma instituição que desempenha um papel ativo na institucionalização do sistema econômico, no sentido de poder conferir determinadas direções aos processos econômicos, de acordo com as ideologias dos grupos que assumem a sua liderança. Para avançar na questão da importância da ideologia nos processos econômicos, utilizar-se-á as ideias de Polanyi (2000), relacionadas ao interesse de classe e a mudança social, e de Bourdieu[85], que lança alguma luz sobre a questão do papel da ideologia na transformação das sociedades.

Polanyi (2000), observa que os interesses de classe[86] oferecem apenas uma explicação limitada para os movimentos da sociedade a longo prazo. Para o autor, as oportunidades das classes em "luta" dependerão de suas habilidades em ganhar apoio fora da sua própria coletividade, o que por sua vez dependerá da possibilidade de executarem as tarefas estabelecidas por interesses mais amplos do que o seu próprio: "[...] o desafio é para a sociedade como um todo; a 'resposta' chega através de grupos, secções e classes".[87] Ou como afirma Bourdieu (2004a, p. 188), "[...] o homem político retira a sua força política da confiança que um grupo põe nele."

Para Bourdieu (2004a), a sociedade é definida como um sistema de relações em que cada elemento traz uma contribuição para o todo. De modo que é preciso classificar os fenômenos sociais segundo diferentes categorias que, em última análise, correspondem aos diversos tipos de arranjo institucional. E nesse espaço, as ideologias definem ou obscurecem as categorias sociais, estabilizam ou quebram expectativas sociais, mantém ou enfraquecem normas sociais, fortalecem ou debilitam o consenso social e aliviam ou exacerbam tensões sociais. Tudo dependendo do nível de correlação existente entre o domínio das estruturas e o domínio das práticas, expressa pelo autor através do conceito de *habitus*, ou sistemas de disposições duráveis, estruturas estruturadas predispostas a funcionar como estruturas estruturantes. Ou seja, o *habitus* constitui-se num princípio gerador que impõe um esquema durável e, não obstante, é suficiente flexível a ponto de possibilitar improvisações reguladas.

De forma mais específica, esta abordagem traz um outro conceito que vai além da análise de North, ao incorporar a prática política através do conceito de "campo simbólico". Este expresso em diversos campos regionais de produção simbólica que derivam sua autonomia relativa de grupos de agentes especializados. Logo, um conceito menos restrito do que o de classe e que permite a incorporação da prática política na teoria como um processo de transformação de relações sociais, dadas em novas relações sociais, produzidas, por sua vez, por instrumentos políticos.

Concluindo, as relações de poder se constituem em um elemento fundamental enquanto princípio de dupla relação (estruturante e estruturado) que contribui de forma decisiva para entender a direção que toma os processos econômicos ao longo da história. Em uma palavra, a sociedade econômica não pode emergir como algo separado do estado político, a transformação implica uma mudança na motivação da ação por parte dos membros da sociedade. Somente dentro de um dado arcabouço político é que possível formular a questão da riqueza, como tão bem enfatizou Polanyi (2000).

7. Uma visão das instituições para além da visão tradicional

Todos reconhecem que as instituições são fundamentais à mudança econômica (como também para a manutenção da estabilidade), mas apesar do ressurgimento do institucionalismo, dentro e fora do pensamento econômico, no curso dos últimas décadas do século XX, ainda não se dispõe de qualquer teoria satisfatória das instituições e dos seus efeitos econômicos[88].

Chang e Evans (2000), em seu artigo *The Role of Institutions in Economic Change*, partem de estudos de caso, especificamente do tratamento do Estado desenvolvimentista Coreano e da Organização Mundial do Comércio (OMC), para propor algumas 'robustas' proposições sobre as causas e consequências que a mudança institucional deve conter, ou seja, incorporam na análise institucional casos não tratados por North. Estes autores têm como objetivo chegar a suposições para além desses casos, ou seja, de promover uma visão mais adequada de como as instituições moldam o comportamento e os resultados econômicos. A análise do artigo se restringe aqui ao estado desenvolvimentista coreano, dados os objetivos desta pesquisa e que, segundo os autores, condensa uma forma institucional particular[89], o Estado desenvolvimentista: instituição em especial que desempenhou um papel decisivo na relativa transformação das trajetórias de crescimento econômico nacionais durante o século XX.

A teoria econômica tradicional falhou em predizer a ascensão econômica dos países do leste asiático porque não retinha as bases para a possibilidade de antecipar o seguinte fato: de que as transformações institucionais no setor público poderiam alterar o conjunto de incentivos privados desses países para um padrão dinâmico de acumulação industrial. (CHANG e EVANS, 2000, p. 3)

De forma ampliada, o argumento do parágrafo anterior pode ser colocado da seguinte forma:

> Os exemplos dos países do Sudeste Asiático demonstram à sociedade que as vantagens comparativas contemporâneas são construídas, com elementos como a educação da mão-de-obra, estratégias articuladas entre Estado e empresariado local, negociação com o capital estrangeiro e políticas setoriais específicas, orientadas por uma visão de estrutura em constante mutação rumo a setores mais intensivos em tecnologia.[90]

Como citado em momento anterior, a proposta de Chang e Evans (2000), tem dois objetivos. Primeiro, o de construir uma visão das instituições para além da visão tradicional que as vê como restrições, nas palavras dos autores: como impedimentos para o funcionamento natural dos mercados (se faz necessário, na visão deles, analisar as instituições também como mecanismos capazes *(enable)*, da realização de metas econômicas, e talvez mais importante, como constitutivas *(constitutive)*, de interesses e visões de mundo dos atores econômicos). A segunda é a de desenvolver um caminho mais sistemático e geral para entender como as instituições são formadas e sua mudança sobre o tempo. Para este propósito rejeitam tanto a visão funcionalista, na qual as instituições devem ser "eficientes" ou de outra forma não deveriam existir, quanto à visão instrumentalista na qual as instituições são criadas e se transformam através de poderosos interesses exógenos[91]. Sugerem, então, uma visão mais *"culturalist"* das instituições, perspectiva pela qual a mudança institucional depende da combinação de uma base de interesses e de projetos culturais/ideológicos, na qual a "visão de mundo" dos atores pode moldar os interesses e vice-versa.

Para construir essa teoria, os autores propõem dividir as abordagens institucionais em dois grandes grupos e suas subdivisões. A primeira é denominada pelos autores de *efficieny-driven* e a segunda de *interest-based*. A primeira possui três subgrupos: a versão mais simplista, *optimality of institutions*; uma versão intermediária, *path dependency recognized*; e uma versão mais sofisticada, *the role of "culture" recognized*. A segunda também possui três subgrupos: a versão mais simplificada, *neoclassical political economy*; a intermediária, *structured-interest-based*; e a mais sofisticada, *culture-based structured-interest*.

Na versão mais simplista da instituição dirigida para "eficiência", as instituições surgem quando o mecanismo de mercado falha em permitir a realização de todo o seu potencial. Nessa visão "panglossiana", todas as instituições existentes são eficientes. Portanto, se qualquer instituição que é capaz de aumentar a eficiência em um dado contexto não existe é somente porque os custos de transação envolvidos na sua construção são maiores do que os benefícios que esta instituição pode trazer[92]. Chang e Evans (2000), afirmam que esta abordagem é insustentável tanto teórica quanto empiricamente. Primeiramente, porque dada a existência no mundo real de racionalidade limitada os agentes não são capazes de agirem como maximizadores. Em segundo lugar, porque se observam no mundo real muitos exemplos de instituições ineficientes, na qual a sua persistência não serve a nenhum interesse.

A versão intermediária admite que nem todas as mudanças institucionais são dirigidas para eficiência, e, portanto, que muitas instituições não serão eficientes mesmo no longo prazo. A razão para isto é atribuída à dependência de trajetória na evolução das instituições[93]. Nesta visão, certas instituições podem ser escolhidas ao invés de outras não por sua inerente eficiência, mas por causa de certos "eventos" históricos irreversíveis. Essa perspectiva permite um melhor entendimento do processo de mudança institucional, mas, no entanto, é uma abordagem que coloca a mudança institucional como dirigida basicamente por fatores tecnológicos, não considerando o papel da *agency human* no processo.

A mais sofisticada versão dessa abordagem estende o argumento para a dimensão "cultural", no sentido de que a "visão de mundo" dos agentes importam. Os seus proponentes partem da suposição de que os agentes têm racionalidade limitada e argumentam que as instituições fazem ser mais inteligível o complexo mundo real, porque restringem as suas opções de comportamento e também por limitar sua atenção a conjuntos de possibilidades incompletas. De acordo com esta visão, há a necessidade inevitável de se operar com "modelos" mentais do mundo que podem não necessariamente ser um bom modelo do mundo real. Nesta visão, a versão simplista da eficiência é negada. Esta versão também dá um passo além para o entendimento da mudança institucional ao argumentar, segundo Chang e Evans (2000), que a "visão de mundo" dos agentes não é independente das instituições, ou seja, a formação das preferências é endógena. No entanto, apesar dos elementos subjetivos (valores morais e visões de mundo), esta versão ainda é em última instância *driven by efficiency*, agora tomada em uma dimensão subjetiva.

Com relação à abordagem *interest-based*, a sua mais simplista versão (*neoclassical political economy*)[94], as instituições são vistas como instrumentos de interesses setoriais de grupos que são politicamente organizados o suficiente para iniciar mudanças nas instituições, mudanças que servem particularmente aos seus interesses (*rent-seeking*)[95]. Defesa de interesses gerais, quando acontecem, são vistos como involuntários. Um dos problemas desta versão, segundo os autores, é que os seus proponentes acreditam que as instituições podem ser rapidamente alteradas de acordo com o poder político dos grupos de interesse, ou seja, as instituições são *infinitely malleable*, como na versão mais simplista de *efficienc-driven*. Logo, aplica-se a ela a mesma crítica que a versão mais simplista de *efficienc-driven*.

Na versão intermediária *structured-interest-based*, os interesses não são exógenos, como na versão mais simplista, mas "estruturados" pela existência de instituições políticas e econômicas. O que implica que mudanças no balanço de poder entre os interesses existentes não provocaram alterações instantâneas nas instituições e sim profundas alterações na estrutura institucional.

Os defensores da versão mais sofisticada, *culture-based structured-interest*, argumentam que os interesses não podem ser entendidos independentemente dos atores e que as mudanças institucionais são simultaneamente transformações materiais e simbólicas do mundo, que envolvem não somente alterações na estrutura do poder e interesses, mas também na própria definição de poder e interesses[96]. O projeto de mudança institucional é visto aqui não simplesmente como um projeto material, mas também como projeto cultural no sentido de que mudança nas instituições requerem mudanças na "visão de mundo" dos agentes envolvidos. Para Chang e Evans (2000, p. 18),

> [...] the role of human agency becomes a lot more important than in any other version of the theories of institutional change that we have talked [...], as it is necessarily the human agents who actively interpret the world (albeit under the influences of the existing institutions) and develop discourses that justify the particular worldview that they hold. Indeed, we should not forget, to paraphrase Marx, that it is human beings who make history, although they may not make in contexts of their own choosing.[97]

As implicações teóricas de Chang e Evans (2000), relativas ao caso do auge e declínio do Estado desenvolvimentista coreano, considerando as duas abordagens sumarizadas pelos autores, ajudam a sintetizar as ideias discutidas na direção do estabelecimento de uma teoria econômica com instituições, o que numa visão mais empírica poderia ser denominado de "gerenciamento político" do desenvolvimento[98]:

1. a mudança institucional é um processo altamente complexo, envolvendo multidirecional e frequentes interações sutis entre **forças econômicas objetivas, ideias, interesses e instituições**[99];

2. a discussão dos autores revela problemas com a abordagem mais simplista denominada de *efficiency-driven* que enfatiza os fatores econômicos objetivos na explicação da mudança institucional. Em linhas gerais, os fatores econômicos são importantes para o entendimento das tendências históricas, mas Chang e Evans (2000),

argumentam que eles não permitem entender toda a complexidade do processo de mudança institucional;

3. As ideias desempenham um papel muito mais importante do que é normalmente sugerido nas discussões sobre mudança institucional. Mas, isso não quer dizer que elas devam ser tratadas como forças independentes dos interesses e das instituições. Enquanto a discussão desses autores mostra **o quanto poderosa as ideias podem ser no curso da mudança institucional**, deixam claro também, que é errado imaginar a sua relação com as instituições como um caminho de mão única. Como argumentado em ambas as versões (*efficiency-driven* e *insterest-driven*), as instituições afetam a forma pela qual as pessoas percebem o mundo (*constitutive* papel das instituições)[100];

4. há uma necessidade de pensar mais seriamente sobre a importância das escolhas na determinação das mudanças institucionais, não como as escolhas na teoria neoclássica que são mais ou menos pré-determinadas por condições "objetivas", mas genuínas escolhas envolvendo o livre-arbítrio.

Por fim, ao levantar estas questões, abre-se espaço para tratar de forma um tanto menos controversa e ideológica a questão do Estado na promoção das atividades produtivas numa determinada economia. Revelando-se um falso dilema a questão de que os mercados são autorreguláveis e suficientes para a promoção do desenvolvimento econômico, dado que são socialmente instituídos. Espera-se, assim, tenha ficado demonstrado que as instituições, em especial o Estado, de acordo com a ideologia estabelecida nos processos políticos, como discutido nesta parte, pode imprimir força e direção seja para o desenvolvimento, estagnação ou declínio de uma sociedade ou de partes dela, dentro de uma estrutura

institucional estabelecida ou através de modificações na
mesma.

8. À guisa de conclusão

A existência humana decorre em um contexto de ordem, direção e estabilidade. Por sua vez, a estabilidade da ordem humana, empiricamente existente, surge do *hábito* que fornece um fundamento estável no qual a atividade humana pode prosseguir tornando desnecessário que cada situação seja definida de novo, etapa por etapa, abrindo o primeiro plano para a deliberação e a inovação. De forma ampliada, a formação do *hábito* é coextensiva com a institucionalização da atividade humana. Pois, a institucionalização ocorre sempre que há uma tipificação recíproca de ações habituais por tipos de atores, o que implica que as instituições têm sempre uma história da qual são produtos. A vantagem da institucionalização se exprime na esfera ampliada das rotinas supostas "naturais" e certas. E da mesma forma que o *hábito*, as instituições controlam a conduta humana estabelecendo previamente padrões definidos de conduta, que canalizam essa em uma direção, por oposição às muitas outras direções que seriam teoricamente possíveis. Dizer, portanto, que um segmento da atividade humana foi institucionalizado é dizer que o mesmo foi submetido ao controle social, manifestado geralmente em coletividades que contêm um número considerável de pessoas.

O mundo institucional, no qual estão presentes os processos econômicos, exige legitimação. Uma ordem institucional em expansão cria um correspondente manto de legitimações, uma vez que as instituições passam a ser realidades divorciadas de sua importância original nos processos sociais dos quais surgiram. Estas legitimações podem seguir-se umas às outras, de acordo com a distribuição de poder existente e o nível de institucionalização resultante, outorgando novos significados às experiências sedimentadas ou em sedimentação na sociedade.

A necessidade de analisar conjuntamente a instituição e o seu processo de institucionalização, evita que se trate as primeiras como dados brutos reificando a apreensão dos fenômenos humanos. Esta reificação, que deve ser evitada a qualquer custo, seria justamente a apreensão dos produtos da atividade humana como sendo algo diferente de produtos humanos, como fatos da natureza, ou ainda, resultado de leis cósmicas ou manifestações da vontade divina. Fundir o mundo das instituições com o mundo da natureza fornece resultado semelhante ao de fundir o mundo econômico com o mundo da natureza, como fizeram os clássicos da economia política, desumanizando os processos econômicos.

O oposto da reificação é a objetivação. E a legitimação enquanto processo se constitui em objetivação, servindo tanto para integrar os significados de processos institucionais díspares como também para representar o propósito típico que motiva os legitimadores. Então, a legitimação é este processo de explicação e justificação, mas que também atua como elemento fundamental na direção que toma a mudança institucional e os seus resultados.

Industrialização, modernização e desenvolvimento, como informa Bendix (1996), são termos freqüentemente usados nas discussões sobre mudança institucional. O que têm em comum é que são socialmente instituídos. Então, o conceito de instituição precisa necessariamente ser tratado de forma relacionada como o de institucionalização para que possa fazer sentido qualquer análise institucional-evolutiva dos processos econômicos e suas consequências para uma determinada sociedade. Em outras palavras, adotar as instituições como categoria de análise da ciência econômica implica em: reconhecer o caráter evolutivo e desequilibrado dos sistemas econômicos; e ao mesmo tempo reconhecer que *o processo econômico é* socialmente *instituído*.

Destarte, se é socialmente instituído é um processo fundamentalmente político. E se é fundamentalmente político, é necessário considerar o papel ativo do Estado, e as organizações que o conformam, no processo de estruturação institucional de uma economia: 1) como um dos principais, se não o principal agente homogeneizador das organizações e instituições que dele dependem; e 2) pela sua capacidade de criar artificialmente uma grande variedade de tipos de organização e instituições.

A mudança institucional exibe em sua totalidade um processo demasiado complexo. Neste sentido não há uma direção unidimensional que permita ligar de forma inequívoca a passagem de instituições informais para instituições formais, tendo como resultado deste processo o desenvolvimento econômico. Não há como determinar como a combinação de regras formais e informais sejam efetivas e eficientes em moldar as ações dos indivíduos sem considerar o espaço das ideologias e os seus respectivos processos de legitimação, que: 1) definem ou obscurecem as categorias sociais; 2) estabilizam ou quebram expectativas sociais; mantém ou enfraquecem normas sociais; 3) fortalecem ou debilitam o consenso social; e 4) aliviam ou exacerbam tensões sociais.

Espera-se que as questões levantadas e as relações destacadas, de forma sistemática ou ainda que dispersa, tenham atingido o objetivo perseguido, qual seja o de lançar alguma luz sobre a relação existente entre instituições e mudança econômica na direção de uma teoria econômica com instituições. Destacando que o elo perdido nesse processo, como apreendido aqui, está justamente na forma como se dá a institucionalização dos processos econômicos, socialmente instituídos e ideologicamente direcionados, e que por isso mesmo, resultantes de uma tensão constante de equilíbrio e distribuição de poder, que ora atinge níveis de cooperação e desenvolvimento, ora níveis elevados de conflito e estagnação ou declínio, de acordo com os processos de legitimação instituídos.

Todavia, o Estado, nessa nova etapa do capitalismo, está marcado pelo "[...] aprofundamento mundial da desigualdade econômica, a erosão global do bem-estar social e a penetração planetária das indústrias financeiras [...]" (APPADURAI, 2010, p. 29). A respeito do seu papel, por exemplo, Bauman (2019, p. 48), fala de uma "[...] desativação gradual mas inexorável das instituições de poder político [...]", Appadurai (2019, p. 30), de "fadiga da democracia", e Geiselberger (2019, p. 10), de "[...] 'securitização' (*securitization*) e de política simbólica pós-democrática [...]". De forma geral, para esses autores, passamos a conviver num contexto de incapacidade política de tratar os problemas globais (desigualdade econômica, migração, terrorismo, etc). Contexto também associado a transformação da cultura em palco de soberania que termina por produzir líderes populistas autoritários, visto que a soberania econômica não cabe mais dentro da soberania nacional. Estes, por sua vez, "[...] prometem a purificação da cultura nacional como via de poder político global [...]" (APPADURAI, 2019, p. 25). E ainda, vivemos a transformação do debate político democrático em uma via de "saída" da própria democracia; porém, mantendo a configuração de Estado e de poder inalteradas, criando assim, um verdadeiro simulacro de democracia ou uma democracia às avessas. Quem são os ganhadores e quem são os perdedores de tal processo?

> [...] Os principais vencedores são financistas extraterritoriais, fundos de investimento e operadores de commodities de todos os tons de legitimidade; já os principais derrotados são a igualdade econômica e social, os princípios da justiça intra e inter-Estados, além de grande parte, provavelmente uma maioria crescente, da população mundial (BAUMAN, 2019, p. 48).

Contexto derivado do novo padrão sistêmico de riqueza do capitalismo contemporâneo, representado pela financeirização. Conforme explicava Braga, ainda no ano de 1998, esse novo padrão, "[...] sinaliza um movimento desequilibrador da divisão internacional do trabalho e disparidades crescentes de renda, de riqueza e de sociabilidade; compreendidas como acesso ao emprego, à expansão vital e cultural, à conivência democrática e civilizada" (BRAGA, 1998, p. 238-239).

Precisamos pensar sobre uma nova configuração do Estado. O problema da configuração está relacionado a concentração de poder por ela gerada. Tomemos como exemplo as democracias presidencialistas. A repartição de poderes, entre executivo, legislativo e judiciário, é um aspecto fundamental da democracia, mas nem mesmo ela foi capaz de evitar a dramática situação descrita acima.

Precisamos urgentemente de uma nova configuração de Estado que resulte numa nova configuração de poder na sociedade em todos os níveis de governo, local, regional e nacional. Nesse aspecto trataremos apenas do poder executivo, presidência e ministérios, sendo que as sugestões servem para todos os níveis de governo.

Comecemos pelo presidente. Por que razão uma única pessoa deve comandar um país inteiro? Por que devemos nos sujeitar a governos que não representem os interesses sociais? Por que ainda nos sujeitamos a eleger e aceitar governantes do tipo de Trump ou de Bolsonaro, por exemplo? Por que não eleger no lugar destes um conselho governamental com assento para os setores representativos da sociedade? Qual seria o seu papel? Pensar e formular políticas para a execução por parte dos ministérios, bem como atender as demandas ministeriais. Com qual meios? Um quadro técnico permanente selecionado, via concurso público, para transformar soluções políticas em soluções técnicas. Qual o papel dos ministérios? Por que de quatro em quatro anos se trocam os ministros e suas equipes? Se pensarmos nos ministérios, a partir de suas atividades e funções, poderemos concluir que a única resposta válida para a última pergunta, está relacionada ao poder discricionário (barganhas de poder por elevados cargos e todas as formas de corrupção daí derivadas). Imaginemos agora uma situação diferente, na qual o ministério seja um órgão estruturado completamente a partir de concurso público e no qual, também, sua direção seja exercida por um conselho formado por funcionários de carreira. O papel dos ministérios continuaria o mesmo: elaboração de planos, projetos e sua execução. Talvez, se conseguíssemos implantar um executivo nessa perspectiva pudéssemos também ter alguma esperança na democracia novamente: uma verdadeira revolução democrática.

9. Referências

ABERCROMBIE, Nicholas; HILL, Stephen; TURNER, Bryan S. Determinismo e indeterminismo na teoria da ideologia. In: **O mapa da ideologia**. ŽIŽEK, Slavoj (Org.). Rio de Janeiro: Contraponto, 1996.

ABRAMOVAY, Ricardo. Desenvolvimento e instituições: a importância da explicação histórica. In: ARBIX, Glauco; ZILBOVICIUS, Mauro; ABRAMOVAY, Ricardo. **Razões e ficções do desenvolvimento**. São Paulo: UNESP/EDUSP, 2001.

______________. Entre Deus e o diabo: mercados e interação humana nas ciências sociais. **Tempo Social**, revista de sociologia da USP, v. 16, n. 2, 2004.

ACEMOGLU, Daron; JOHNSON, Simon e ROBINSON, James. Institutions as the fundamental cause of long-run growth. Working Paper 10481. **National Bureau of Economic Research**: Cambridge, 2004. Disponível em http://www.nber.org/papers/w10481. Acessado em junho de 2005.

ALMEIDA, Eduardo Simões de. Mudança institucional e estrutural na economia brasileira do início dos anos noventa. **Análise Econômica**, ano 17 n. 31, março 1999.

ALTHUSSER, Louis. O mecanismo do (des)conhecimento ideológico. In: **O mapa da ideologia**. ŽIŽEK, Slavoj (Org.). Rio de Janeiro: Contraponto, 1996.

APPADURAI, Arjun. Fadiga da democracia. In: APPADURAI, Arjun et al. **A grande regressão**: um debate internacional sobre os novos populismos e como enfrentá-los. São Paulo: Estação Liberdade, 2019.

BAUMAN, Zygmunt. Sintomas à procura de um objeto e um nome. In: APPADURAI, Arjun et al. **A grande regressão**: um debate internacional sobre os novos populismos e como enfrentá-los. São Paulo: Estação Liberdade, 2019.

BOUDON, Raymond. A ideologia. São Paulo: Editora Ática, 1989.

BELL, John Fred. História do pensamento econômico. Rio de Janeiro: Zahar Editores, 1961.

BENDIX, Reinhard. Construção social e cidadania. São Paulo: Editora da Universidade de São Paulo, 1996. (Clássicos; 5)

BERGER, Peter I.; LUCKMANN, Thomas. A construção social da realidade. 2. ed. Petrópolis: Vozes, 1974.

BLAUG, Mark. A metodologia da economia, ou como os economistas explicam. 2. ed. São Paulo: EDUSP, 1993.

BOURDIEU, Pierre. A economia das trocas simbólicas. 5. ed. São Paulo: Perspectiva, 2004b. (Coleção estudos; 20)

________. O poder simbólico. 7. ed. Rio de Janeiro: Bertrand Brasil, 2004a.

BRAGA, José Carlos de Souza. Financeirização global: o padrão sistêmico de riqueza no capitalismo contemporâneo. In: TAVARES, Maria da; FIORI, José Luís. **Poder e dinheiro**: uma economia política da globalização. 4ª ed. Rio de Janeiro: Vozes, 1997.

BRESSER-PEREIRA, Luiz Carlos. Instituições, bom Estado, e reforma da gestão pública. In: BIDERMAN, Ciro; ARVATE, Paulo. **Economia do Setor Público no Brasil**. São Paulo: Campus Elsevier, 2004.

BRUNO, Miguel Antonio Pinho. Crescimento econômico, mudanças estruturais e distribuição as transformações do regime de acumulação no Brasil: uma análise regulacionista. 2004. Tese (Doutorado em Economia), Instituto de Economia, Universidade Federal do Rio de Janeiro – UFRJ, 2004.

BURLAMAQUI, Leonardo. Capitalismo organizado: uma interpretação a partir de Schumpeter, Keynes e Polanyi. Tese (Doutorado em Economia), Instituto de Economia, Universidade Federal do Rio de Janeiro – UFRJ, 1995.

________; FAGUNDES, Jorge. Notas sobre a diversidade e regularidade no comportamento dos agentes econômicos: uma perspectiva neo-schumpeteriana. In: **Estratégias empresariais na indústria brasileira**: discutindo mudanças. Antonio Castro, Barros de; Possas, Mário L.; Proença, Adriano (Orgs). Forense Universitária: Rio de Janeiro, 1996.

CAPRA, Fritjof. A teia da vida: uma nova compreensão científica dos sistemas vivos. 8. ed. São Paulo: Editora Pensamento-Cultrix, 2003.

CERQUEIRA, Hugo E. A. da Gama. A economia evolucionista: um capítulo sistêmico da teoria econômica? **Análise Econômica**, Porto Alegre, v. 20, n. 37, p. 55-79, 2002.

CHANG, Ha-Joon. An Institutionalist Perspective on the Role of the State - Towards an Institutionalist Political Economy. In: L. Burlamaqui, A. Castro & H-J. Chang (eds.). Institutions and the Role of the State. Edward Elgar, 2000.

__________. Chutando a escada: a estratégia do desenvolvimento em perspectiva histórica. São Paulo: UNESP, 2004.

__________. Rompendo o modelo: uma economia política institucionalista alternativa à teoria neoliberal do mercado e do Estado. In: ARBIX, Glauco et al (Orgs). **Brasil, México, África do Sul, Índia e China**: dialógo entre os que chegaram depois. São Paulo: UNESP, 2002.

__________; EVANS, Peter. The Role of Institutions in Economic Change. In: **The Meeting of the "Other Canon" group Venice**, Italy, January 13 - 14, 2000.

CONCEIÇÃO, Octavio A. C. Instituições, crescimento e mudança na ótica institucionalista. **Teses FEE**; n. 1. Porto Alegre: Fundação de Economia e Estatística Siegfried Emanuel Heuser, 2001.

________. O conceito de instituição nas modernas abordagens institucionalistas. **Revista de Economia Contemporânea**. Rio de Janeiro, 6(2): 119-146, jul./dez. 2002a.

________. A relação entre processo de crescimento econômico, mudança e instituições na abordagem institucionalista. Porto Alegre: Fundação de Economia e Estatística – FEE (1º Encontro de Economia Gaúcha), 2002b.

________. Elementos para uma teorização apreciativa institucionalista do crescimento econômico: uma comparação das abordagens de North, Matthews e Zysman. Disponível em http://www.anpec.org.br/encontro2003/artigos/A38.pdf. Acessado em julho de 2004.

CUI, Zhiyuan. O papel do Estado na economia: um exame teórico sobre o caso Chinês. In: ARBIX, Glauco et al (Orgs). **Brasil, México, África do Sul, Índia e China**: dialógo entre os que chegaram depois. São Paulo: UNESP, 2002.

DOSI, Giovanni. Instituitions and markets in a dynamic world. The Manchester School, 65 (2), junho, 1998.

EYMARD-DUVERNAY, François et al. Values, coordination and rationality. the economy of conventions or the time of reunification in the economic, social and political sciences. (Paper presented at the Conference "Conventions et institutions: approfondissements théoriques et contributions au débat politique", Paris, 11-12 décembre 2003).

ERBER, Fábio Stefano. O padrão de desenvolvimento industrial e tecnológico e o futuro da indústria brasileira. **Revista de Economia Contemporânea**. Rio de Janeiro, v. 5, n. especial, 2001.

________; CASSIOLATO, José Eduardo. Política industrial: teoria e prática no Brasil e na OCDE. **Revista de Economia Política**. Vol 17, n 2 (66), abril/junho, 1997.

EVANS, Peter B. Análise do Estado no mundo neoliberal: uma abordagem institucional comparativa. **Revista de Economia Contemporânea**. Rio de Janeiro, n° 4, jul.- dez 1998.

________. Autonomia e parceria: Estados e transformação industrial. Rio de Janeiro: Editora UFRJ, 2004.

FARINA, Maria Mercier Querido, AZEVEDO, Paulo Furquim de e SAES, Maria Sylvia Macchione. Competitividade: mercado, Estado e organizações. São Paulo: Editora Singular, 1997.

FIANI, Ronaldo. Estado e economia no institucionalismo de Douglass North. **Revista de Economia Política**, vol. 23, n° 2 (90), abril-junho/2003.

________. Uma avaliação crítica da teoria do *rent seeking*. Seminário de Pesquisa IE/UFRJ, Rio de Janeiro, 2003.

________. Estado e instituições econômicas: uma discussão crítica das versões modernas de ordem espontânea na economia. Tese (Doutorado em Economia), Instituto de Economia, Universidade Federal do Rio de Janeiro – UFRJ, 2002.

______. Uma avaliação crítica da teoria do rent seeking. In: Seminário de Pesquisa IE/UFRJ, Rio de Janeiro, 2003.

FIORI, Stefano. Alternative Visions of Change in Douglass North's New Institutionalism. **Journal of Economic Issues**, vol. 36, 2002.

FREUND, Julien. Sociologia de Max Weber. 5 Ed. Rio de Janeiro: Forense Universitária, 2003.

GALA, Paulo. A retórica na economia institucional de Douglass North. São Paulo: Fundação Getúlio Vargas. **Textos para Discussão**, n 112, maio de 2002.

GALBRAITH, J. Kenneth. Anatomia do poder. 3 ed. São Paulo: Pioneira, 1996.

HIRSCHMAN, Albert O. As paixões e os interesses: argumentos políticos a favor do capitalismo antes do seu triunfo. Rio de Janeiro: Record, 2002.

HODGSON, Geoffrey. A evolução das instituições: uma agenda para pesquisa teórica futura. **Econômica**, v.3, n. 1, p. 97-125, junho de 2001.

______. The approach of institutional economics. Journal of Economics Literature. Vol. XXXVI, March, 1998.

______. The enforcement of contracts and property rights: constitutive versus epiphenomenal conceptions of law. International. **Review of Sociology**, 13, (2), p. 373-89, 2003.

LAWSON, Tony. Should Economics Be an Evolutionary Science? Veblen's Concern and Philosophical Legacy. **Journal of Economic Issues**, vol. XXXVI, n°. 2 June 2002.

________. The nature of heterodox economics. In: ENCONTRO NACIONAL DE ECONOMIA POLÍTICA – SEP, 10, Campinas, 2005.

MEDEIROS, Carlos Aguiar de. Instituições, estado e mercado no processo do desenvolvimento econômico. **Revista de Economia Contemporânea.** Rio de Janeiro, 5 (1): 49-76, jan./jun. 2001.

MIGDAL, Joel S. State in Society: studying how states and societies transform and constitute one another. Cambridge: University Press, 2001.

MONASTERIO, Leonardo Monteiro. Guia para Veblen: um estudo acerca da economia evolucionária. Pelotas: EDUFPEL, 1998.

MORIN, Edgar; MOIGNE, Jean-Louis Le. A inteligência da complexidade. 3. ed. São Paulo: Petrópolis, 2000.

NELSON, Richard; WINTER, Sidney G. Uma teoria evolucionária da mudança econômica. Campinas, SP: Editora da Unicamp, 2005.

NORTH, Douglass C. Estructura y cambio en la historia económica. Madrid: Alianza Editorial, 1984.

________. Institutions, institutional change and economic performance. Cambridge: Cambridge University Press, 1990. 213

________. Transaction costs, institutions, and economic performance. **Ocasional Papers**, International Center for Economic Growth, n. 30, 1992

________. Economic performance through time. **The American Economic Review**, v. 84, issue 3, p. 359-386, jul 1994.

________. Understanding the Process of Economic Change. London: **Institute of Economic Affairs**, 1999.

________. Understanding the Process of Economic Change. Princeton, new Jersey: Princeton University Press, 2005.

POLANYI, Karl. A grande transformação: as origens da nossa época. 2. ed. Rio de Janeiro: Campus, 2000.

PUTNAM, Robert D. Comunidade e democracia: a experiência da Itália Moderna. 4 ed. Rio de Janeiro: Editora FGV, 2005.

RUTHERFORD, Malcolm. Wisconsin Institutionalism: John R. Commons and his students, 2005.

SINDZINGRE, Alice. Institutions and development: a theoretical contribution. **Centre National de la Recherche Scientifique** - CNRS, Paris, December 2002.

SOLA, Lourdes. Idéias econômicas, decisões políticas: desenvolvimento, estabilidade e populismo. São Paulo: FAPESP, 1998.

STRACHMAN, Eduardo. As relações entre instituições e políticas industriais. **Ensaios FEE**, Porto Alegre, v. 23, n. 1, p. 107-134, 2002.

__________. Política Industrial e Instituições. Tese, 2000 (Doutorado em Economia), Instituto de Economia, Universidade Estadual de Campinas – Unicamp, 2000.

THERBORN, Göran. As novas questões da subjetividade. In: **O mapa da ideologia**. ŽIŽEK, Slavoj (Org.). Rio de Janeiro: Contraponto, 1996. 216

THÉVENOT, Laurent. Organized Complexity: conventions of coordination and the composition of economic arrangements. **European Journal of Social Theory** 4(4): 405–425, 2001.

VEBLEN, Thorstein. Why is economics not an evolutionary science? **Cambridge Journal of Economics**. v. 22, 1998. Originalmente publicado em 1898.

VELASCO e CRUZ, Sebastião C. Estado e economia em tempo de crise: política industrial e transição política no Brasil dos anos 80. Rio de Janeiro: Relume Dumará; Campinas, SP: Editora da Universidade de Campinas, 1997.

__________. Globalização Democracia e ordem internacional: ensaios de teoria e história. Campinas: UNESP/UNICAMP, 2004.

VILLEVAL, Marie-Claire. Une théorie économique des institutions? In: **Théorie de la régulation: l'état des savoirs**. Sous la direction de BOYER, Robert; SAILLARD, Yves. Paris: Éditions la découverte, 1995

VINHA, Valeria da. Polanyi e a Nova Sociologia Econômica: uma aplicação contemporânea do conceito de enraizamento social (social embededdeness). **Revista**

Econômica . v. 3. n. 2. Dezembro de 2001. Impresso em setembro de 2003.

VRIES, P.H.H. The role of culture and institutions in economic history: can economics be of any help? **NEHA Jaarboek voor economische, bedrijfs- en techniekgeschiedenis**, 64, pp. 28-60, 2001.

WEBER, Max. Conceitos básicos de sociologia. São Paulo: Editora Moraes, 1989.

______. Economia e Sociedade: fundamentos da sociologia compreensiva. 4. ed. v. 1 e 2. Brasília: Imprensa Oficial/UNB, 1999.

WOO-CUMINGS, Meredith. Introducion: Chalmers Johnson and the politics of nationalism and development. In: **The developmental state**. Edited by Meredith Woo-Cumings. Cornell Parerbacks: New York, 1999.

ŽIŽEK, Slavoj. O espectro da ideologia. In: **O mapa da ideologia**. ZIZEK, Slavoj (Org.). Rio de Janeiro: Contraponto, 1996.

Notas

[1] Dante citado por Hirschman (2002, p. 42).

[2] Utilizando um exemplo ilustrativo: "embora a luxúria seja um mal, pode ser um mal menor que a "preguiça", que poderia resultar do banimento da luxúria." (Hirschman, 2002, p. 47)

[3] Hirschman (2002, p. 78).

[4] Hirschman (2002, p. 71).

[5] Hirschman (2002, p. 73).

[6] Termo utilizado por Sola (1998).

[7] Sistêmica na perspectiva da teoria dos sistemas dinâmicos, teoria da complexidade, dinâmica não-linear, dinâmica de rede, ou outra denominação qualquer voltada para o entendimento dos complexos e altamente integrativos sistemas da vida – organismos, sistemas sociais e ecossistemas.

[8] Capra (2003, p. 33).

[9] Estas questões são discutidas também por Morin e Moigne (2004), no livro *"Inteligência da Complexidade"*.

[10] Cerqueira, (2002, p. 58).

[11] Para uma discussão mais aprofundada dessas quatro tradições, ver Cerqueira (2002).

[12] Cabe observar que tanto as quatro principais tradições teóricas que contribuíram para o ressurgimento da abordagem evolucionária em economia, quanto as características da economia evolucionista, citadas por Cerqueira, foram referências do trabalho de Saviotti e Metcalfe (1991).

[13] Cerqueira (2002, p. 74), citando Saviotti e Metcalfe (1991).

[14]1. Um conjunto de temas e ênfases bastante abstratos e recorrentes; 2. uma multiplicidade de tentativas dentro de cada tradição para teorizar em torno de seus temas específicos e para formar posturas políticas, ou então determinar unidades principais de análise específicas da tradição ou outros princípios metodológicos. Os resultados são frequentemente apresentados como abordagens de teoria/política, categorias de análise ou princípios metodológicos que constituem alternativas relevantes à corrente teoria econômica dominante; 2. um reconhecimento a *posteriori* de que geralmente é impossível gerar um acordo entre tradições heterodoxas em termos de teorias e políticas "alternativas" específicas ou posturas metodológicas específicas; 3. um reconhecimento que normalmente resulta em uma inferência (muitas vezes relutante) de que, mesmo dentro de qualquer tradição, o único terreno comum definido em termos de posição alcançada, é uma oposição à corrente principal ou ortodoxia "neoclássica". [tradução livre].

[15] Considerando apenas aqueles já observados, Rubinstein (1995, p. 12) comenta as fraquezas explicativas e preditivas da economia tradicional, enquanto Leamer chama a atenção para uma disparidade entre a teoria e a prática convencionais (1983, p. 37). Coase, como vimos, conclui que "a economia existente é um sistema teórico que flutua no ar e que tem pouca relação com o que acontece no mundo real", enquanto, de acordo com Leontief, as fórmulas matemáticas com as quais os economistas preenchem os jornais econômicos conduzem "o leitor de conjuntos de suposições mais ou menos plausíveis, mas inteiramente arbitrárias, a conclusões teóricas precisamente afirmadas, mas irrelevantes", enquanto os econometristas falham "em avançar, de qualquer maneira perceptível numa compreensão sistemática da estrutura e das operações de um sistema econômico real ". [Tradução livre]

[16] "Veblen had two concerns (at least) in posing his famous question. He both (i) believed that economics should be an evolutionary science, that an evolutionary economics would mark an improvement over the existing state of affairs, and (ii) was interested in announcing the inevitability of economics becoming an evolutionary science and in explaining its non-occurrence so far (and indeed its likely form)" (LAWSON, 2002, p. 289). "Veblen tinha duas preocupações (pelo menos) ao fazer sua famosa pergunta. Ele tanto (i) acreditava que a economia deveria ser uma ciência

evolucionária, que uma economia evolucionária marcaria uma melhoria em relação ao estado de coisas existente, e (ii) estava interessado em anunciar a inevitabilidade da economia se tornar uma ciência evolucionária e em explicar sua não ocorrência até agora (e de fato sua forma provável) [Tradução livre]

[17] Segundo Monasterio (1998), o estilo de Veblen com o uso de frases longas, obscuras, contraditórias, por vezes contendo termos biológicos ou referências antropológicas esdrúxulas, suas idiossincrasias verbais o caracterizaram, por avaliações recentes, como um *deconstructive* projeto em epistemologia. No entanto, argumento contrário é exposto por Lawson (2002, p. 279): "[…] in matters philosophical at least, Veblen's primary legacy is (i) a constructive program after all (as traditionalists within institutionalism have mostly maintained) albeit one that is (ii) grounded in ontology (as few institutionalists appear explicitly to have argued)". "[...] em questões filosóficas, pelo menos, o legado primário de Veblen é (i) um programa construtivo (como os tradicionalistas dentro do institucionalismo têm mantido em sua maioria), embora (ii) baseado em ontologia (como poucos institucionalistas parecem explicitamente ter argumentado)". [Tradução livre]

[18] De acordo com Rutherford (2005, p.2), "It is now recognized that institutional economics was a significant movement within American economics during the interwar period. Institutional economics in this period was not a marginalized heterodoxy to a dominant neoclassical orthodoxy, but a very substantial part of what was a relatively pluralistic mainstream of American economics." "É agora reconhecido que a economia institucional foi um movimento significativo dentro da economia americana durante o período entre guerras. A economia institucional neste período não era uma heterodoxia marginalizada pela ortodoxia neoclássica dominante, mas uma parte muito substancial de uma corrente relativamente pluralista da economia americana." [Tradução livre]

[19] Conceição (2001, p. 22), afirma que os paradigmas tecnológicos propostos pelos neo-schumpeterianos "[...] se constituem em um autêntico "estudo de caso institucionalista", por incorporar as noções essenciais implícitas nas diferentes abordagens institucionalistas. A mudança tecnológica, o conceito de inovação, o papel evolucionário da firma, o processo de destruição-criadora, o papel do "empresário-

inovador" vis-à-vis ao do moderno "sistema nacional de inovação" são noções destituídas de sentido sem a presença de instituições ou do ambiente institucional [...]".

[20] Para um maior detalhamento do pensamento destas três correntes ver Conceição (2001 e 2002).

[21] Veblen (1898).

[22] Para uma síntese dos postulados da NEI, ver Farina, Azevedo e Saes (1997).

[23] "Mesmo reconhecendo a centralidade do papel das instituições no processo de crescimento, desenvolvimento e mudança econômica, um grupo de autores não-ortodoxos se opõe ao nexo instituições-custo de transação-teoria neoclássica, como o proposto por North. São os neo-schumpeterianos e os regulacionistas que veem as instituições como elementos de mudança em um processo descontínuo e sinuoso de crescimento." (CONCEIÇÃO, 2001, p.33)

[24] Alguns críticos da NEI negam seu caráter institucionalista, por rejeitarem alguns dos preceitos fundamentais de Veblen, como a crítica ao neoclassicismo. De qualquer forma, as escolas institucionalistas, quer de influência ortodoxa, quer heterodoxa, têm decisivas contribuições ao pensamento institucionalista, onde nem o "velho" institucionalismo, nem o "novo" são auto-subsistentes, pois heuristicamente abrem um valioso campo de pesquisa, baseado na interação das várias escolas. Todavia, apesar das diferenças entre as referidas abordagens, há pontos comuns. O principal deles é o permanente desafio de construir uma "teoria econômica com instituições" ou uma "teoria da dinâmica institucional".

[25] Grifo nosso.

[26] (CONCEIÇÃO, 2001, p. 147).

[27] Segundo Bruno (2004, p. 37), "três influências principais integram as matrizes teóricas do programa de pesquisa regulacionista: a) a teoria marxiana e a macroeconomia kaleckinana; b) o institucionalismo americano (J. COMMONS, W. MITCHELL e T. VEBLEN); c) Os trabalhos da Nouvelle Histoire, desenvolvidos pela *École des Annales* (BRAUDEL, L. FEBVRE). Além dessas três correntes, deve-se acrescentar a influência das análises pós-keynesianas, com autores como KALDOR e MINSKY."

[28] Por exemplo, um sistema federativo possui uma matriz institucional que vale para todos os seus entes, mas cada um desses possui combinações próprias de instituições, organizações e políticas que exigem outros elementos explicativos específicos das suas trajetórias.

[29] Grifos nosso.

[30] "Para Nelson e Winter (1982), a forma de se teorizar em economia possui dois diferentes estilos ou níveis: a teorização apreciativa e a teorização formal. A apreciativa envolve uma maior descrição dos fenômenos, com ênfase na sua compreensão, razão pela qual a linguagem escrita é a mais utilizada. A descrição dos fenômenos assim procedida envolve, geralmente, fortes hipóteses teóricas sobre quais variáveis são importantes e como se conectam. A teorização formal é mais analítica, relacionando-se à maneira como opera a estrutura lógica, dando pouca ênfase ao detalhamento do conhecimento sobre um fenômeno particular. O grau de compreensão do mesmo é acompanhado pela gradual e crescente formalização da teoria, tal que permita sua representação em forma estilizada." (CONCEIÇÃO, 2001, p. 44)

[31] Na linguagem weberiana, o poder significa a probabilidade de impor a própria vontade numa relação social, mesmo contra resistências. Por seu turno, está relacionado a dois outros conceitos: dominação e legitimidade. "Conforme ensina a experiência, nenhuma dominação contenta-se voluntariamente com motivos puramente materiais ou afetivos ou racionais referentes a valores, como possibilidades de sua persistência. Todas procuram despertar e cultivar a crença em sua 'legitimidade'." (WEBER, 2004, p. 139)

[32] Estes elementos de uma metodologia institucionalista contidos na tese de Conceição, são uma referência a Sabine, por sua vez referenciadas de Atkinson, Oleson, (1996).

[33] Na verdade, North servirá de guia para sua própria crítica, que será elaborada de forma comparativa, ao confrontar as suas ideias com a de autores, tais como: Gala (2002), Chang (1994, 1999, 2000, 2002 e 2004), Chang e Evans (2000 e 2004), Hodgson (1998, 2001 e 2003), Berger e Luckmann (1974), Fiori (2002), Strachman (2000 e 2002), Vries (2001), Evans (1998 e 2004), Sindzingre, (2002), Conceição (2001, 2002 e 2005), Burlamaqui (1995) Burlamaqui e Fagundes (1996), Polanyi (2000), Weber (2004), Bendix (1996), Fiani (2003a,

2003b), Velasco e Cruz (2004).

[34] Segundo Gala (2002, p. 3), "A partir da publicação de 'Institutions, Institutional Change and Economic Performance' em 1990 e da obtenção do Prêmio Nobel de 1993, North passou a ser leitura obrigatória para todos que se interessam em estudar o desenvolvimento das economias no longo prazo e, mais especificamente, os determinantes da 'riqueza e pobreza das nações'. Seu approach, como sugere o título de sua principal obra sobre o tema, é institucionalista. O autor procura demonstrar como o crescimento de longo prazo ou a evolução histórica de uma sociedade é condicionado pela formação e evolução de suas instituições – 'humanly devised constraints that shape human interaction'."

[35] Já no seu livro de 1990, *"Institutions, Institutional Change and Economic Performance"*, inicialmente, North faz questão de apresentar seu "aparato" como complementar à economia neoclássica.

[36] Gala (2002, p. 9), discutindo sobre o grau de neoclassicismo no pensamento de North (1990), afirma: "Apesar de um movimento insistente de conciliação, percebemos, ao longo do livro, que a complementaridade entre a teoria de North e a escola neoclássica, é no mínimo, controversa [...] Podemos citar dois dos principais pilares do pensamento de North que podem ir contra a teoria neoclássica - tomando por base a definição de Mario Possas (1997, p.15 e p.34):

i) A defesa de uma teoria de racionalidade 'processual' como desenvolvida por Herbert Simon (1986) - que também possa incluir de alguma forma cooperação e altruísmo. A não aceitação da racionalidade substantiva ou 'rational choice'.

ii) A utilização de uma teoria de múltiplos equilíbrios e retornos crescentes, fortemente baseada no conceito de 'path dependence' como desenvolvida por Brian Arthur e Paul David."

[37] North (2005, p. 24). "[...] o pressuposto da racionalidade falha em lidar adequadamente com a relação da mente com o contexto [...]" [Tradução livre]

[38] North (2005, p. 13). Os economistas, normalmente, não se perguntam sobre a estrutura que os humanos se impõem para ordenar

seu entorno e, portanto, reduzir incerteza; eles não estão tipicamente considerando a natureza dinâmica do mundo em que vivemos, que continua a produzir novos problemas a serem resolvidos [...]." [Tradução livre]

[39] Crítica da qual também compartilhada Velasco e Cruz (2004).

[40] Gala (2002, p. 16).

[41] Uma descrição interessante, do ponto de vista sociológico, sobre o surgimento das instituições e dos processos de institucionalização está presente no livro "Construção social da realidade", dos autores Berger e Luckmann (1974).

[42] Strachman (2000, p. 109), salienta que "[...] apesar de a maioria de tais definições ser semelhante, em sua essência, ao considerar, como instituições, leis, regras, hábitos, costumes, etc. [...] alguns aspectos diferenciam-nas, tornando-as, muitas vezes, mutuamente excludentes, pelo menos no que tange aos aspectos secundários."

[43] North (1984, p. 227 e 228).

[44] Velasco e Cruz (2004, p. 51).

[45] North (1990, p. 3). "[...] As instituições são as regras do jogo em uma sociedade ou, mais formalmente, são as restrições humanamente concebidas que moldam a interação humana. Em consequência, elas estruturam incentivos nas trocas humanas, sejam políticas, sociais ou econômicas [...]." [Tradução livre]

[46] North (1990, p. 16). "As instituições não são necessariamente ou mesmo geralmente criadas para serem socialmente eficientes; em vez disso, elas, ou pelo menos as regras formais, são criadas para servir aos interesses daqueles com o poder de conceber novas regras" [tradução livre]

[47] North (2005, p. 23). "[...] As crenças que os humanos sustentam determinam as escolhas que realizam e que, por sua vez, estruturam as mudanças na paisagem humana [...]". [Tradução livre]

[48] "[...] In many cases that involve a collective action problem, these constraints are 'general' constraints that apply to everyone. In these cases, we are putting constraints on everyone's behaviour so that we can collectively do more things." (CHANG e EVANS, 2000, p. 8).

"[...] Em muitos casos que envolvem um problema de ação coletiva, essas restrições são restrições 'gerais' que se aplicam a todos. Nesses casos, estamos colocando restrições no comportamento de todos para que possamos fazer mais coisas coletivamente." [Tradução livre]

[49] "[...] For example, it is only because traffic rules make individuals drive in a certain way that we can drive faster. For another example, we can engage in innovation more aggressively because there are intellectual property rights, which remove the fear that other will copy our ideas and usurp the gains that should accrue to us". (CHANG e EVANS, 2000, p. 8) "[...] Por exemplo, é só porque as regras de trânsito fazem com que os indivíduos dirijam de certa forma que podemos dirigir mais rápido. Por outro exemplo, podemos nos engajar na inovação de forma mais agressiva porque existem direitos de propriedade intelectual, que removem o medo de que outros copiem nossas ideias e usurpem os ganhos que deveriam advir para nós." [Tradução livre]

[50] A definição de Hodgson (2001), também se aproxima da definição de Chang e Evans (2000). Hodgson (2001, p. 101), define instituições como "[...] sistemas duradouros de regras sociais estabelecidas e embutidas que estruturam as interações sociais. Linguagem, moeda, lei, sistemas de pesos e medidas, convenções de trânsito, maneiras à mesa, empresas (e outras organizações) são todas instituições. Esta ampla definição de instituições é hoje amplamente aceita [...]"

[51] "[...] padrões sistemáticos de expectativas compartilhadas, suposições tomadas por certas (taken-for-granted), aceitação de normas e rotinas de interação que tem efeitos robustos em conformar as motivações e comportamentos dos atores sociais. Em sociedades modernas, elas estão normalmente inseridas em organizações com regras formais e a capacidade para impor sanções coercitivas, como o governo ou as empresas [...]". [Tradução livre]

[52] "Eles são dependentes de trajetória, interagem entre si, e seu significado e função não podem ser entendidos independentemente da existência de outras instituições com as quais eles "compõem". Em vez de entidades ex ante estáticas, as instituições devem ser apreendidas na perspectiva de sua "composição" com outras instituições existentes em um determinado ambiente. Trata-se aqui de processos permanentes de transformação, cujos resultados singulares emergem apenas ex post. Além disso, as instituições são

sempre moldadas pelas relações de poder que se originam da economia política local, que são ignoradas na abordagem neoclássica das instituições e seus conceitos centrais de direitos de propriedade e custos de transação, ou reduzidas a grupos de interesse ou busca de renda que competem em políticas mercados." [Tradução livre].

[53] É interessante observar, grosso modo, um certo paralelismo neste ponto entre o pensamento de Polanyi (2000) e Weber (2004). Este último ao definir "ordem econômica" coloca de forma implícita os mesmos elementos descritos por Polanyi: "[...] Chamamos 'ordem econômica' a distribuição do efetivo poder de disposição sobre bens e serviços econômicos, que resulta consensualmente do modo de equilíbrio de interesses e da maneira como ambos, de acordo com o sentido visado, são de fato empregados, em virtude daquele poder de disposição efetivo baseado no consenso." (WEBER, 2004, p. 209)

[54] Polanyi (2000, p. 162).

[55] Grifos nosso.

[56] Pode-se encontrar uma noção primitiva do que North chamou de uma teoria dos direitos de propriedade em Weber (2004, p. 212): "a vigência empírica de uma "norma jurídica" afeta os interesses dos indivíduos em vários sentidos. Especialmente podem resultar dela, para esses indivíduos, <u>oportunidades calculáveis</u> de manter a sua disposição bens econômicos ou de adquirir no futuro, sob determinadas condições, a disposição sobre eles. Dar origem a semelhantes oportunidades ou garanti-las é, naturalmente, em casos de direito estatuído, a finalidade que aqueles que pactuam ou impõem uma norma jurídica vinculam em regra a essa norma." (Grifo do autor)

[57] Esta visão não é uma novidade como North afirma. Weber (2004, p. 111), já havia feito uma referência a esta função no Estado moderno ao afirmar que "[...] o Estado moderno mantém sempre o monopólio da organização do sistema monetário [...] [e que] decisivos para essa monopolização foram inicialmente os motivos fiscais [...]".

[58] Bresser Pereira (2004, p. 10), é enfático neste ponto: "Quando vejo, por exemplo, um economista sofisticado como Douglas North (1991), que se beneficiou da perspectiva histórica de Marx, e da crítica da teoria econômica neoclássica por Nelson e Winter (1978)

para desenvolver sua análise, comparar a América Latina com os Estados Unidos, e explicar o subdesenvolvimento da América Latina pelo fato de não haver logrado proteger tão bem a propriedade e os contratos, tornam-se evidentes a inadequação reducionista e o caráter ideológico do novo institucionalismo."

[59] Como alerta Polanyi (2000, p. 55), "a crença no progresso espontâneo pode cegar-nos quanto ao papel do governo na vida econômica. Este papel consiste, muitas vezes, em alterar o ritmo da mudança, apressando-o ou diminuindo-o, conforme o caso."

[60] Evans (1998, p. 55).

[61] Fiani (2003b, p. 146).

[62] Por objetivos conflitantes, o autor quer dizer: promover a homogeneidade entre as organizações e criar artificialmente uma maior variedade de tipos de organização.

[63] Berger e Luckmann (1974, p. 98).

[64] North (1984, p. 20).

[65] North (1984, p. 22).

[66] North (1984, p. 25).

[67] North (1984, p. 26).

[68] North (1984, p. 69).

[69] North (1990, p. 5). "[...] Modelar organizações é analisar estruturas de governança, habilidades e como aprender fazendo vai determinar o sucesso da organização ao longo do tempo. Como organizações passam a existir e como elas evoluem são fundamentalmente influenciados pela estrutura institucional. Por sua vez, as organizações influenciam como o quadro institucional evolui [...]". [Tradução livre]

[70] North (1990, p. 83). "[...] as fontes de mudança estão mudando os preços relativos ou preferências [...]". [Tradução livre]

[71] North (1990, p. 86 e 87). "Uma mudança nos preços relativos leva uma ou ambas as partes de uma troca, seja ela política ou econômica, a perceber que uma ou ambas poderiam se sair melhor com uma alteração do acordo ou contrato. No entanto, porque os contratos estão aninhados em uma hierarquia de regras, a renegociação pode

não ser possível sem reestruturar um conjunto superior de regras [...] os empresários e suas organizações responderão às mudanças (percebidas) nas relações de preços diretamente, dedicando recursos a novas oportunidades ou – quando a mudança é irrealizável dentro das regras existentes – indiretamente, estimando os custos e benefícios de dedicar recursos para alterar as regras ou fazer cumprir as regras." [Tradução livre]

[72] North (1990, p. 9). "[...] mas no balanço, a história econômica dos EUA do século XIX é uma história de crescimento econômico, porque a estrutura institucional subjacente reforçou persistentemente os incentivos para as organizações se engajarem em atividades produtivas, embora misturado com algumas consequências adversas". [Tradução livre]

[73] North (1990, p. 9). As organizações que se desenvolvem nesse arcabouço institucional se tornarão mais eficientes – porém, mais eficientes em tornar a sociedade ainda mais improdutiva e a estrutura institucional básica ainda menos propícia à atividade produtiva. Esse caminho pode persistir porque os custos de transação dos mercados políticos e econômicos dessas economias, juntamente com os modelos subjetivos dos atores, não os levam à obter resultados cada vez mais eficientes." [Tradução livre]

[74] North (1990, p. 16). "Se as economias realizam os ganhos do comércio criando instituições relativamente eficientes, é porque, em certas circunstâncias, os objetivos privados daqueles com força de barganha alteram as instituições e produzem soluções institucionais que se transformam ou evoluem para socialmente eficientes". [Tradução livre]

[75] As instituições têm dinâmicas e lógicas próprias que não podem ser reduzidas diretamente à cultura dos participantes individuais envolvidos, mas, por outro lado, simplesmente não podem ser compreendidas nem explicadas sem referência a essa cultura. Em certo sentido, a cultura pode ser considerada o *software* dos arranjos institucionais que, por sua vez, desempenham um grande papel na determinação da cultura. Por mais estranho que isso possa ser para o teórico: estamos discutindo uma relação estreita e dialética entre elementos que são quase impossíveis de separar. As instituições como estruturas e a cultura como seu *software* são, no fundo, as duas faces da mesma moeda.

[76] Como afirma North (2005, p. 5), "[...] beliefs and the way they evolve are at the heart of the theoretical issues of this book." "[...] as crenças e a forma como evoluem estão no cerne das questões teóricas deste livro." [Tradução livre]

[77] North (2005, p. viii). "[...] Mudança econômica, portanto, é em grande parte um processo deliberado e moldado pelas percepções dos atores sobre as consequências de suas ações. As percepções vêm das crenças dos jogadores [...] crenças que normalmente são combinadas com suas preferências". [Tradução livre]

[78] Como afirma North (2005, p. 15): "[...] it is alteration of uncertainty for groups in society which is the focus of this study." "[...] é a alteração da incerteza para grupos da sociedade que é o foco deste estudo." [tradução livre]

[79] North (2005, p. 5). "[...] o estudo do processo de mudança econômica deve começar, portanto, explorando os esforços onipresentes dos seres humanos para lidar e enfrentar a incerteza em um mundo não-ergódico". [Tradução livre]

[80] Essa separação entre instituições e organizações é extremamente reducionista. Primeiro por não permitir ver que as políticas públicas também são, em certo sentido, instituições, como será discutido na segunda parte. Segundo, que as organizações são também instituições. Como informa Strachman (2002, p. 142), "as organizações [...] também constituem-se em instituições [...] podendo ser definidas como <u>grupos de indivíduos interligados por algum(ns) propósito(s), e que devem agir segundo certas regras ou normas de conduta, formalizadas ou não, ou seja, de acordo com determinadas instituições</u>. Isto porque nas organizações acontecem interações – muitas sistemáticas – entre indivíduos, as quais conduzem, por sua vez, a certas regras de comportamento para os que delas fazem parte ou que com elas interagem. Consequentemente, as organizações são constituídas também - além de por um ou mais propósitos - por regras de conduta, formalizadas ou não, para a ação e interação das pessoas (dentro das organizações, ou quando estas pessoas interagem com agentes externos a tais organizações), assim como para a interação entre organizações (que seriam, então, a interação entre as interações de pessoas)." (Grifo nosso).

[81] As instituições informais e formais parecem estar

unidirecionalmente conectadas, tanto em termos lógicos quanto históricos. No entanto, North mostrou tacitamente que tal esquema é incompleto [...] Em conclusão, o esquema final parece representar uma relação bidirecional e linear, de regras informais para regras formais e vice-versa, embora as regras anteriores pareçam desempenhar um papel considerável na explicação da tendência geral de mudança institucional. Em particular, o processo assume a forma de um movimento dinâmico contínuo no qual as restrições formais criam as informais por 'extensão', integração e assim por diante, e estas últimas, por sua vez, modificam ou produzem (por 'extensão') novas regras formais, e assim por diante." [Tradução livre]

[82] "[...] a visão gradualista da mudança institucional não é utilizável em muitos aspectos, embora desempenhe um papel indiscutível como uma categoria explicativa em uma série de casos tratados por North."

[83] "Mas, como consequência disso, a noção de passagem "unidirecional" de um tipo de regra (a informal) para outra (a formal) deve ser abandonada, enquanto a continuidade e o gradualismo mantêm sua coerência no modelo de North. Na verdade, o conceito de continuidade está evidentemente incluído na visão bidirecional: por um lado, as regras formais derivam de uma lenta transformação das informais; de outro, as regras informais são integradas e estendidas por normas formais. Em suma, nem descontinuidade nem conflito aparecem entre os dois tipos de regras." [Tradução livre]

[84] "Restrições formais e informais muitas vezes constituem opções conflitantes para os indivíduos, de modo que é difícil concebê-las em termos de continuidade recíproca ou "extensão". Os conflitos podem impedir tanto a passagem gradual de uma restrição para outra, e não exibem um claro e coexistência coerente. Tudo isso enfatiza o papel das contingências no processo de mudança institucional: quanto mais as regras conflitam, mais as contingências podem determinar o resultado do processo e menos o passado (incorporado em regras informais) é capaz de condicionar a direção da mudança."

[85] Especialmente, "A economia das trocas simbólicas" (2004b) e "O poder simbólico" (2004a).

[86] O termo classe pode ser substituído aqui por partido político para fins de análise.

[87] Polanyi (2000, p. 186).

[88] Chang e Evans (2000, p. 2).

[89] Para Chang e Evans (2000), as instituições globais podem eventualmente vir a jogar um papel ao nível global análogo ao papel que os Estados têm desempenhado dentro dos territórios nacionais nos últimos 400 anos.

[90] Erber e Cassiolato (1997, p.42).

[91] No entanto, não negam que tanto a eficiência quanto os interesses sejam fatores importantes na evolução das instituições.

[92] Os autores representantes desta corrente, segundo Chang e Evans (2000), são Douglas North, Harold Demsetz, Armen Alchian, e a escola dos direitos de propriedade de Frubotn & Pejovich e Yoram Barzel.

[93] Os autores representantes desta corrente, segundo Chang e Evans (2000), são Brian Arthur, Paul David, Joel Mokyr e outros que trabalham principalmente com questões tecnológicas.

[94] Os autores representantes desta corrente, segundo Chang e Evans (2000), são Anthony Downs, James Buchanan, Gordon Tullock, Ann Krueger, Jagdisn Bhagwati, Mancur Olson e Douglas North.

[95] Esta mesma visão é encontrada na política econômica marxista, na versão que vê o Estado como comitê executivo da burguesia.

[96] "For example, Friedland & Alford (1991) argue that the success of America capitalists in the early 20th century in persuading the society to accept the (fictitious) legal status of a juridical person for a corporation was crucial in allowing them to institute limited liability, which then enabled large-scale mobilization of capital through the stock market [...]". (CHANG e EVANS, 2000, p. 18) "Por exemplo, Friedland & Alford (1991) argumentam que o sucesso dos capitalistas da América no início do século 20 em persuadir a sociedade a aceitar o *status* legal (fictício) de uma pessoa jurídica para uma empresa foi crucial para permitir que instituíssem responsabilidade limitada, que então possibilitou a mobilização em larga escala de capital por meio da bolsa [...]". [Tradução livre]

[97] [...] o papel da agência humana torna-se muito mais importante do que em qualquer outra versão das teorias de mudança institucional

que falamos [...], pois são necessariamente os agentes humanos que interpretam ativamente o mundo (embora sob as influências das instituições existentes) e desenvolver discursos que justifiquem a visão de mundo particular que sustentam. Na verdade, não devemos esquecer, parafraseando Marx, que são os seres humanos que fazem a história, embora não possam fazê-lo em contextos de sua própria escolha." [Tradução livre]

[98] Termo utilizado por Bendix (1996), ao discutir o papel das tradições em facilitar ou dificultar um rápido desenvolvimento.

[99] "[...] This is at one level a very banal statement, but there are too many theories of institutional change which rely almost exclusively on one of these variables (especially economic forces and interests solely defined in terms of such forces) for us not make this statement." (CHANG e EVANS, 2000, p. 34). "[...] Esta é, em certo nível, uma afirmação muito banal, mas existem muitas teorias de mudança institucional que dependem quase exclusivamente de uma dessas variáveis (especialmente forças econômicas e interesses definidos exclusivamente em termos de tais forças), embora para nós isso não se trate de algo já dado" [Tradução livre]

[100] "[...] therefore it is possible to see them as objects of manipulation by agents with exogenously-formed "preferences", because the way in which such "preferences" are formed is affected by the nature of existing institutions [...]." (CHANG e EVANS, 2000, p. 36) "[...] portanto, é possível vê-los como objetos de manipulação por agentes com" preferências "formadas exogenamente, porque a forma como tais" preferências "são formadas é afetada pela natureza das instituições existentes [...]." [Tradução livre]